児童養護施設で暮らすということ

子どもたちと紡ぐ物語

楢原真也
Narahara Shinya

日本評論社

まえがき

本書は、私がこれまでに出会ってきた児童養護施設で暮らす子どもたちとのささやかなエピソードを中心に、そこで感じたことや考えたことを綴ったものです。

社会のなかには虐待や家庭内の不和などのさまざまな理由によって、家族と離れて暮らす子どもたちが存在します。児童養護施設はそうした子どもたちが職員と共に生活している場所です。近年少しずつ関心が寄せられるようになってきましたが、そこで暮らす子どもたちへの理解はまだ不十分なものにとどまっているように感じています。

私が初めて児童養護施設のことを知ったのは、大学生のときでした。偶然に出会ったひとりの児童指導員が、子どもたちとの生活を生き生きと語る姿に強く興味を惹かれました。それまで私は児童養護施設という場所をくわしく知らず、「昔は〝孤児院〟って呼ばれていたところだよ」という言葉にようやくぼんやりとしたイメージが浮かんだぐらいでした。話を聴くうちに、子どもたちの過酷な背景に衝撃を受けました。自分がどれだけ無知だったのかを思い知らされたのです。

　私は大学院で臨床心理学を学びました。卒業後、同期の多くが心理職として病院や学校に職を得るなか、私は地方のある児童養護施設の児童指導員として入職しました。施設がどんなところなのか、その暮らしを実感したかったのです。そして、できれば心理職としてではなく児童指導員として子どもの身近に居たいと思いました。その後働く場所や立場は少しずつ変わりながら、私は今も児童養護施設の職員として働いています。私は自分が施設職員であることに誇りをもっています。

　施設職員は、子どもたちの一番近くで苦楽を共にし、彼らの成長を見届けることができるやりがいのある仕事です。つつがなく生活を送り、衣食住を心地よく提供するための、知恵や工夫や配慮が求められる仕事です。「日常のなかの専門性」ともいわれるその専門性は、人の成長や回復を支える基底にあるものです。目に見えにくく、すぐに実を結ぶわけではありません。毎日は地味だけれども大切な営みの繰り返しです。私はこの仕事を通して、あたりまえのことにどれだけ価値があるのかを理解することができました。

　本書で描かれるのは、児童養護施設のことを何も知らなかった私が子どもたちに近づきたい、わかりたいと苦闘する日々です。読者の方が、施設の子どもたちの暮らしやその傍らに沿う職員のあり方について理解を深め、子どもたちにそっと手をさしのべるきっかけになれば幸いです。
なお、本書に登場する事例は、個人情報に配慮し改変しています。

児童養護施設で暮らすということ　子どもたちと紡ぐ物語　✻　目次

II 傷つきと痛みに寄り添う……59

III 児童養護施設の現在と未来 …… 105

Ⅳ 児童養護施設で働くこと……153

Ⅰ

施設で暮らす子どもたち

1　初めての児童養護施設

壺井栄の『二十四の瞳』に、瀬戸内海の小学校に赴任した若い教師が、受けもった子どもたちの輝く瞳を見て「この瞳を、どうしてにごしてよいものか」と決意する場面がある。この高名な小説ほど劇的ではないにせよ、私も十数年前に初めて地方のある児童養護施設で暮らす五〇人の子どもたちに出会ったとき、彼らがみなそれぞれの個性にあふれ、過酷な背景を抱えながらも、力強く生きている姿に胸を打たれた。

その施設では、職員たちは「どんちゃん」「モンブラン」「ポッキー」「ライス」「ひしりん」など、それぞれニックネームで呼ばれていた。私はそのまま名前で呼ばれることになった（ちなみに、施設では職員が「おにいさん、おねえさん」と呼ばれるところもあれば、「先生」「○○さん」と呼ばれるところもある。個々の風土や方針によって、大人の呼称はさまざまであり、それぞれに一長一短がある）。当時、私は二歳の子からも一八歳の子からも「しんや」「しんや」と呼ばれ、職員というよりは入所している子どものひとりに近かった。子どもたちから見ても大人から見ても、まだまだ頼りない半人前だったのだと思う（現在一人前になっているかどうかは、非常に心許ないが）。

そして、子どもたちと遊んでばかりで、ルーティンワークをおろそかにしがちだった新人職員を、あたたかく許容してくれる懐の深い職場でもあった。毎日の仕事は決して楽ではなかったが、それでも子どもたちとの生活は印象深く、一緒に笑ったり怒ったり泣いたりしながら、私もまたみなと一緒に育ててもらった。最初に抱いた、子どもたちや施設職員らへの敬意にも似た気持ちが、今もこの仕事を続ける原動力になっている。

『二十四の瞳』では、やがて戦争が始まり、子どもたちは時代の波に翻弄されていくが、施設で暮らす子どもたちもまた、こころならずも課せられた自分の境遇や運命に懸命に抗っているように見えた。離れて暮らす家族に対する複雑な想い、不適切な環境下で身についてしまった特異な振る舞い、一般家庭とは異なる施設の暮らしのありよう、施設を取り巻く偏見や好奇の視線……。彼らの抱える課題は少なくない。何もできなくてもせめて彼らの傍にいたいと、そして可能であれば、彼らが自分の責任ではなく背負いこまざるを得なかった重荷をひとつでも取り除くことができればと思った。

年少児へ暴力を振るうある小学生を制止したとき、彼は「俺だって同じようにやられてきたんだ！」と叫んだ。実際に彼は家庭でひどい虐待を受けてきており、その言い分は部分的にはとても妥当なものに聞こえた。暴力の被害者だった子どもたちが成長し、痛みを知るはずの彼らが、今度は自分よりも小さな存在を虐げる。その連鎖が哀しいと思った。〝毅然と〟とまではいかなかったが、「ここでは大人はあなたに暴力を振るわない。だから、あなたもこれからは誰かを傷つけないでほしい」と頼むと、彼は全力で私を蹴り、「そんなことできるわけねえだろ！　俺もおまえも！」と睨みつけてきた。「できるかどうかはお互いやってみないとわからないだろ?」と返すと、「おまえだって絶対暴力を振るうに決まってる」と彼は断言した。

その一件以降、彼は私をずっと避けていたが、実際には私の言葉の真偽を注意深く見定めていたのかもしれない。あるときふとしたきっかけで声をかけてきて、それ以来少しずつ話をするようになった。すれ違いに終わったと思えたやりとりにも、何かしらの意味はあったのだろうか。「しんやは暴力しないの?」と真顔で聞いてくることもあれば、「俺は暴力は止められない……」と悔しそうに語ることもあった。彼から断片的に聞く被害の実態はすさまじく、同じ条件の下で育てば、きっと私も暴力を振るうようになっていただろうと思った。

幼い子どもが、日常的に悪意や暴力にさらされるということは、私たちが想像する以上に圧倒的な体験なのだと思う。大人であっても、暴言や暴力を受け続ければ、多かれ少なかれダメージを被る。ごく普通に声をかけた相手から「死ね」「消えろ」と悪態が返ってきたり、身近な人間から頻繁に挑発を受けるといった事実は、守られた環境で育った者ほど理解しがたい。小さな子どもであってもかかわる職員を怯ませるに十分な迫力があり、まして体の大きな中学生や高校生に凄まれれば、怒りや恐怖を感じることもある。それは、子どもたちが置かれてきた苛烈な世界の一端を追体験させられているのである。こころのなかに深く根を下ろした暴力にどう対峙していけばよいのか、負の連鎖をどのように断ち切っていけばよいのか、今も明確な答えはもっていない。それでも、彼はその後ずいぶん成長した、と思う。

施設は常に緊張感の漂う場所だと誤解させてしまったかもしれない。実際には、笑顔や歓声があふれ、子どもたちに寄り添い、その成長を喜び祝福することができる魅力的な現場でもある。虐待の世代間連鎖は三〜四割程度だといわれる。裏を返せば、六〜七割の者は虐待を受けたとしても、次の世代に暴力を振るわない大人に成長する、ということでもあるのだ。

ある中学生とカードゲームをしているときに、「施設で暮らすとホームレスになる確率が高いって本当?」と聞かれた。不意打ちの一言にドキッとした。ふざけ半分といった調子だったが、その目は真剣だった。彼は、自分の過去や未来に思い悩み、前にも後ろにも行けなくなっていた。誠実に応えなくてはいけないと感じ、「そういう統計もあるのは事実だけど、あなたの人生はこれからあなた自身が切り開いていくもの。みんな応援してるし、あなたならそうできると信じてる」と伝えた。私たちは、傍にいて支えることはできても、彼らの人生を代わって生きることはできない。

彼は、「嘘だー、応援なんかしてないでしょ」と茶化すように笑った。続いて、同じ施設の高校生の名前を挙げ、その子からホームレスの話を聞いたのだと言った。「俺たち、よくそういう話するんだ、ここから抜け出すにはどうしたらいいかって。それで、〇〇君は勉強ばかりしてるんだよ。大学に行くんだって」と秘密を打ち明けるかのように小声で話した。彼らの言う、抜け出そうとしている〝ここ〟とは、自分たちの人生そのもののように感じられた。「〇〇君なりに一生懸命闘ってるんだね」と返すと、「勉強はめんどくさいよ、俺は闘いたくない」とため息をついた。「あなたはまだマナをチャージしている段階だから、無理しなくてもいい。っていうか今でも十分闘っていると思う」と、進行中のカードゲームになぞらえて話すと、彼は顔を上げ「そうなのかな?」と確かめるような表情でこちらを見た。私は、「そうだよ」というつもりで頷いた。

「taxpayer（納税者）を育てる」というのは、欧米でよくいわれる社会的養護の成功の指標のひとつであるが、「死にたい」と時折漏らすその中学生のことを考えるとき、私は、闘わなくても、たとえ立派な納税者にならなくても、生きてさえいてくれればそれでいいと思うことがある。生きのびて、今のつらい状況を何とかくぐりぬければ、もしかするとそこには新しい風景が広がっているかもしれないよ、と。

近年、施設を巣立つ子どもたちの自立に向けて給付型の奨学金等が整備されるようになってきたが、少し前までそれは非常に狭き門であり、自分の夢を前向きに宣言できる者だけが、努力の末にそれを獲得していた。けれども、かすかな希望しか語れなくても、明確な目標がもてなくても、実際はみな懸命に頑張っているのだ。そうした子どもたちに対して、平等にチャンスが与えられる社会であってほしいし、本当はもっと単純に、誰よりも傷ついてきた彼らの未来が不幸せであっていいはずがないと私は思うのである。

彼らと暮らす今がよき将来へとつながっていくよう、子どもたちの瞳をにごさないよう、施設職員は日々の生活を大切に営む。多くの子育てがそうであるように、思うようにならないことも多いが、日々を送るなかでふと顔を覗かせる子どもたちの課題に向きあう過程で、私たちもまた彼らと共に成長していく。

2　物語の力

子どもたちの成長や回復は、さまざまな人やものとの出会いが契機になることがある。施設において、本来は職員がその役割を果たせればよいのだが、大好きな幼稚園の先生に会いたくて毎日楽しみに登園する子どももいれば、ハムスターの飼育や野菜の栽培を通して自分も一緒に育っていく子どももいる。習いごとや部活に打ちこみ成長を遂げる子どももいれば、ファンであるタレントの引退前の握手会にどうしても行きたくて一歩を踏み出す子どももいる。絵本や小説、ドラマや映画といった「物語」もまた、そんな出会いのひとつである。

子どもの支援に携わる関係者は、みずからが小さいときに印象深かった物語を大切に覚えていることが多い気がするし、またそうあってほしいと思う。『ぐりとぐら』『一〇〇万回生きたねこ』『アレクサンダとぜんまいねずみ』、ディズニー映画の『王様の剣』……。身近な知人に尋ねると、いくつかのタイトルをすぐに挙げてくれる。それは、彼らのこころの深いところに、今でもその世界観が根を下ろしているからではないかと感じる。

私が通っていた幼稚園には小さな図書館があった。当時、昆虫が好きだった私は、よくそこで図鑑などを借りていた。ある日、図書館の館長兼幼稚園の園長が、「たまにはこういうものも読んでみなさい」と、一冊の絵本を（有無を言わさず）貸してくれた。今では題名も内容も覚えていないけれど、しぶしぶ読んだその絵本はとても面白かった。その後から、私の借りるリストのなかに、園長お勧めの絵本が混じるようになった。子ども一人ひとりをしっかりと見て、それぞれに応じた本を選んでくれていたのだと今ではわかる。そして、あの頃のまだ小さな私が、物語の世界への導き手を得たのは、とても幸運なことだったと思う。

すぐれた物語は、自分を理解してもらえた、自分はひとりではないのだ、という感覚を与えてくれる。それは、自分がひとりぼっちだと感じることの多い子どもたちにとって大きな支えになる。私たち支援者も、子どもたちが物語に託そうとしたテーマを理解しようとすることによって、彼らの内奥へと近づいていく。ここでは、そんなエピソードを紹介したい。

『くれよんのくろくん』はシリーズ化もされている人気の絵本である。あらすじは次のようなものである。真っ白な画用紙を見つけて大喜びのクレヨンたちが、自分自身の色を活かして、きいろくんはチョウを、あかさんはお花を、みどりくんは葉っぱを、といったように次々と色彩豊かに絵を描いていく。ところが、黒色のくろくんだけは、「きれいにかいたえをくろくされたら、たまらないよ……」と、仲間に入れてもらえない。しょんぼりしているところに、シャープペンのおにいさんの慰めと機転に支えられて、自分なりの役割を見出し、「くろって、すごいね」とみなに迎えられる。

まだ十分に言葉でやりとりできなかったある幼児は、心理室に来るたびに、必ず最後にこの絵本を読んでほしいとせがんだ。彼は普段、（控えめにいっても）とても落ち着きがなく、つい衝動的に友だちを押したり、自分の使いたい玩具を取ってしまったりするため、周囲の子どもと衝突し仲間外れにされたり、職員に注意されたりすることが多かった。そんな彼にとって、くろくんの姿は自分自身の投影であり、いつかは自分も同じように認められ、みなの輪のなかに入りたいという希望の表れだったのだと思う。最後に「くろってしゅごいね！」と描く可愛く声を合わせてにっこりする瞬間が見たくて、私は毎回こころをこめて絵本を読むように努めた。粗暴な面が目立っていたが、そういった細やかな一面や優しさも持ちあわせている子だった。

職員たちも彼の長所をよくわかっており、彼がほかの子たちと一緒に仲よく過ごせたときはみな嬉しく、なるべく心地よい時間が持てるようにいろいろ試行錯誤を重ねた。絵本のエピソードを実際に試み、みなでさまざまな色のクレヨンで画用紙を塗り、その子にくろくんの役を任せたときは、大喜びで、いつも以上の笑顔を見せてくれた。自分の感情を上手に表すのはまだ難しい子どもだった。それゆえに、先述のような推測が本当に正しいのかはわからないし、まったくの見当違いだったかもしれない。それでも彼がその絵本を好きだという事実を、絵本に仮託していたであろうささやかな想いを、周囲の大人は大事にしてくれた。

『ハリー・ポッター』は、言わずと知れたファンタジーの名作シリーズである。シングルマザーである作者のJ・K・ローリングは、書きあげた原稿をいくつかの出版社に送ったが、ほとんど反応がなかった。ある出版社の編集者が、受けとった原稿を自分で読む前に八歳の娘に手渡したところ、読後に「パパ、これはほかのどんなものよりもずっと素敵だよ」と話したという。ひとつの物語が流布するまでにも、それを取り巻く大小の物語が存在するが、この最初の小さな読者のたしかな感想が、その後に世界中の子どもたちを魅了することになるストーリーが世に出るきっかけを作った。

ある中学生は、このシリーズの新作が出れば必ず購入し、繰り返しDVDを見ていた。身寄りのないハリーが、ある日魔法使いであることを告げられ仲間と共に魔法学校で活躍する姿は、同じように面会に来る家族もおらず、学校に行けない彼女を勇気づけたかもしれない。あるいは、そうした自分自身との類似点をも超えて、純粋にその物語に引きこまれたのかもしれない。学校へ行かずにファンタジーの世界に入りこむ彼女を危ぶむ声もあったが、彼女がその物語に惹かれる想いを担当職員はていねいに聴いてくれた。「怖いもののことを、〝例のあの人〟みたいにははっきり口にしないのって、何かわかる気がする……」「マルフォイって、ネットでネタにされてるの知ってる？」。子どもも職員もどこか行き詰まりを感じていた状況だったが、小説や映画のことを熱く語る彼女と物語の世界を共有するうちに、少しずつ余裕が生まれてきた。「私もホグワーツに入りたい。スリザリンになったら不登校だけど」「あなた、いま不登校でしょ！」と、現実を一緒に笑い飛ばせるようになってきた頃、話題は自然に彼女自身の家族のことへ移っていった。

あるとき彼女は、「家族のことはもう諦めていたけど、でもやっぱり期待する気持ちも捨てられなかった。迎えにきてほしいって、小さいときにずっと思ってたの。今でもどこかでそう思っている……」と寂しそうに呟いた。そして彼女の最終的な結論は、「自分の人生が一変するような素敵な出来事はきっと起きないけれども、これからの生き方は自分自身で変えていけるかもしれない」というものだった。中学校に足を運ぶことはできなかったものの、適応指導教室を経て、彼女は通信制高校への入学を選んだ。

コリアン・ジャパニーズである金城一紀の半自伝小説『ＧＯ』のなかに、「小説はただ面白いだけで、何も変えることはできない。単なるストレス発散の道具だ」と主張する主人公に、主人公の親友が物語の力を説くシーンがある。物語には子どもたちを励まし勇気づける大きな力があることを私もまた信じている。子どもたちが他者の描いた物語にこころを奪われ共感するとき、子ども自身の物語もまた語られ、紡がれていく。

その際に、物語自体がもつ力はもちろんのこと、彼らが人を信じ、もう一度自分の人生を生きなおそうと思えるためには、実際に人とかかわり受けとめてもらえる体験、わかってくれる人がいるという実感が必要である。かけがえのない世界を共有し、一緒にその魅力を語りあい、それを媒介として、こころの奥底にある願いや想いを分かちあうことができる相手の存在は、困難な現実に立ち向かう支えとなる。

生きることにつまずいている子どもたちの内側を、物語という淡い光が優しく照らすとき、彼らの内に秘められた物語が共鳴し、自己表現への扉が開かれる。たとえ〝物語〟としてまとまった語りがなされなくともよい。むしろ、かすかな記憶や儚い希望を大切に受けとり、育み、未来へとつなげていくようでありたいと思う。

3　大人はわかってくれない

施設において、「大人はわかってくれない」という意味のことを子どもたちはさまざまな場面で口にする。たしかに、子どものときは私もそんなふうに思っていたような気がする。その報いなのか、最近は「大人だけ〇〇してずるい」と実子から言われる機会が増えた。「〇〇」に含まれるのは就寝時間が遅いこと、コーヒーやビールを飲むこと、スマートフォンを操作すること、夕食の量が多いことなど、適用範囲は広い。子どものこころに寄り添うのは難しいと思う一方で、大人も大人でいろいろ事情はあるのだ、と言い訳や反論のひとつも述べたくなることがある。こうして、私のなかの子どものこころは失われていくのだろうか。

幼い頃は、大人は自分よりもずっと大きく強いのだと無邪気に思えていた。自分とは異なる存在ゆえに、不満をぶつけやすかったのかもしれない。何よりも、不服を受けとめてもらえる環境があるということは幸せだった。子どもである自分の延長線上に大人があるということをおぼろげながら理解し始めたのは、もう少し大きくなってからのことである。その名残なのか、大人になった今でも、思い描いていた「〇歳の自分」とはずいぶん違うことに時々がっかりしたり居直ったりしながら、等身大の今の自分との折りあいをつけている。そして、子どもたちも自分が否定していた大人に少しずつ近づいていく。

施設に入職する場合、最年少の職員は専門学校を卒業した二〇歳そこそこの若者である。一方で子どもたちは、必要性が認められれば、二〇歳を超えても施設にいることが（少なくとも制度上は）可能になっている。そのため、ケアをする者と受ける者の年齢差がない場合もあり、傍から若者たちを見ていると、両者の違いは単に割り当てられた役割の違いにすぎないのかもしれない、と思うこともある。それでも、施設職員として子どもたちの前に立つ以上は、その職務を果たさなければならない（できればその仕事を楽しんでほしいと思うし、ときにはそこから自由になってもよいと思う）。

実際のところは、長年施設で暮らしてきた一癖も二癖もある年長児に、昨年度までは学生だった新人職員が振り回されることが少なくない。平均的な成人よりも、子どものほうがそれまでの短い人生のなかですでにさまざまな苦労を重ねているという事情や、成育史に起因する大人への不信感や警戒感も重なってくる。子どもたちには、「一番ここの暮らしをわかっているのは自分たちだ」という自負がある。実習生やボランティアなど大人との接触も多く、単に年長者というだけでは「自分たちと生活を共にする人」と簡単には認めてくれない。

私が初めて施設を訪れたとき、自分の身長よりも大きな角材を抱えた小さな女の子に通せんぼされ、「おまえは誰だ！」と聞かれた。「この子はいつもこんな物騒なものを装備しているのか？」「その重さの棒を振り回せるのだろうか？」という疑問がまず浮かんだが、「今度からここで働くことになった、楢原と言います」と目線を合わせて自己紹介すると、「通ってよし」というように道を空けてくれた。何だか大変なところに来てしまったようだ、と思った。同時に、自分を養育する人間が次々と替わっていくなかで生きていかなくてはならないことの苦労を想像した。

働き始めて間もないある日、三人の幼児を幼稚園まで送っていった。駐車場に着くと、「今日は行きたくない」とひとりの男の子が言い始めた。体調は悪くないように見えた。理由を聞くと、「だって行きたくないから」という何とも言えない回答だった。前向きに気持ちが変わるようにと話をしていると、残りのふたりも口々に「私も行きたくない！」「私も！」と言い始め、みなですごすごと戻ってきた。事情をベテランの職員に話すと、子どもたちは「ちゃんと行ってこい！」と一喝され、さっきの態度は何だったんだろうというぐらいにしおらしく幼稚園に連れられていった。「自分は幼稚園児の送迎もできない役に立たない職員なのか」と落ちこむ暇もないぐらい、初めは万事がそんな調子だった。夏休みを経て、子どもや施設のなかに馴染んだくらいの頃から、ようやく子どももこちらの言うことに耳を傾けてくれるようになったと思う。

「試し行動」という言葉が用いられることもあるが、子どもは私たちを試しているわけではない。知りあったばかりの大人に自分を安心して委ねられないのは当然のことだろう。私たちは形式上職員として子どもの世話を任されるが、彼らが私たちのことを、自分を守ってくれる大人と認識してくれるまでには時間を要する。新人職員に暴言を吐いていたある子にその理由を尋ねたところ、「初めての人だからどうやって接したらいいか、わからなかったんだ」と素直に語っていた。

施設職員は養育者として子どもの傍にいることが求められるが、共有した時間の積み重ねが圧倒的に不足している。不十分ななかでも、子どもと同じ目線に立ち、彼らをわかろうと努めつつ、同時に大人としての責任を果たすことが求められる。暴言や暴力、喧嘩、万引きなど、子どもの不適切な行動への対応もかなりの頻度で生じる。物わかりのいい理解者としてだけはいられない。

子どもたちは、「うるせぇ!」「親でもないくせに!」などと不平や不満を叫ぶ。若い職員のなかには、子どもを叱ったり注意したりすることに抵抗がある者もいれば、子どもは自分の言うことだけを聞かないと感じ、「もっと怖いと思われる大人にならないといけないのでは」と悩む者もいる。ほどよく、というのは難しい。そうこうしているうちに、子どもはわかってくれないと思う大人と、大人はわかってくれないと思う子どものあいだにも何かしらの接点が生まれ、少しずつお互いを知りあっていく。

思春期の子どもたちが口にする定番のセリフのひとつは「どうせ仕事でやってるんだろ！」というものである。これほど自分という人間のありようが深く問われる〝仕事〟はなかなかないように思う。しかし、「そりゃあ、仕事さ」と答えるのは、子どもに対してどこか真剣に向きあっていない感じがして、多くの新人職員はためらうようである。実際は、そう簡単に割り切れないぐらいの想いや時間や労力を費やしていたとしても。

これが、ある程度のベテラン職員になると、「仕事だけど、とても大切な仕事だと思っている」「あなたが聞きたいのは、自分のことをちゃんと考えてくれているかどうかってことでしょ」「この仕事をしていたから、あなたに会えたんだよ」など、子どもの問いかけに怯むことはない。職業人としての自分と一個人としての自分のありようが矛盾していないからであろう。「仕事として」と割り切って応答するのでは対人援助職とは呼べないし、人間性だけに頼って知識や技術の獲得を放棄するのではチームの一員として養育を担っていくのは難しい。専門性を有した職業人として子どもとかかわりながらもありのままの自分を素材として活かしていくことは、私たちの課題でもある。
伊坂幸太郎の小説『チルドレン』のなかに、「そもそも、大人が恰好良ければ、子供はぐれねえんだよ」と家庭裁判所調査官である陣内が喝破する場面がある。かなり破天荒な主人公ではあるが、この「恰好良い」というのは、子どもたちに対する私たちのあり方として案外だいじである。それは、決して外見的なことではなく、その人の生き方や姿勢に一本筋が通っているかどうかということである。そういう職員は、子どもにも大人にも一目置かれ、その人のいる時間や空間にはおのずと安心感が生まれる。力で制圧するのではなく対話を重視しながらも、人としてやってはいけないこと、許されないことはきちんと指摘する。子どもの存在を否定するのではなく、あくまで行動の是非を静かに見つめ問いなおす。

こうして書いてみると容易なことではないが、これは努力目標のようなものかもしれない。子どもと同じように、私たちにも学びの時間や伸びしろは残されているのだ。不完全な大人が、不完全な子どもと一緒に育っていく。大人も子どもも区別なく、施設という場所で一緒に成長していく。それでよいのではないかと今は思っている。

解説❶ 児童養護施設ってどんなところ？

社会的養護とは

子どもは家庭で育つことがあたりまえだと考えている人もいるかもしれません。けれども世の中には、家族の傷病や経済的な事情、虐待など何らかの理由により、家族と一緒に暮らしていない子どもたちもいます。

「社会的養護」は、「子どもの最善の利益のために」と「社会全体で子どもを育む」を理念として、こうした子どもたちを守り育てるとともに、子育てが難しい家庭への支援を行う仕組みです。社会的養護はさらに、「家庭養護」と「施設養護」に分かれており、児童養護施設は、この「施設養護」のなかに位置づけられています（表1）。

表1　社会的養護の類型

社会的養護	家庭養護	特別養子縁組
		里親（養育里親・専門里親・親族里親）
		ファミリーホーム
	施設養護	乳児院
		児童養護施設
		児童心理治療施設
		児童自立支援施設
		母子生活支援施設
		自立援助ホーム

児童養護施設とは

児童養護施設とは、児童福祉法に基づいた児童福祉施設で、家庭に代わって子どもたちが生活をする場所です。全国に約六〇〇の施設があります。職員は、日々の生活を通して子どもの成長と回復に寄り添うとともに、心理的支援や家族支援、自立に向けた支援、退所後の相談なども担っています。

児童養護施設では、約二万七〇〇〇人の子どもたちがさまざまな想いを胸に暮らしています（図1）。一八歳未満の全児童人口のなかでは一〇〇〇人に一人か二人程度の割合です。社会のなかでは圧倒的な少数派ですが、多くの困難がありながらも一生懸命に生きています。

児童養護施設の外観

ドラマなどでよく出てくる児童養護施設は、幼稚園や学

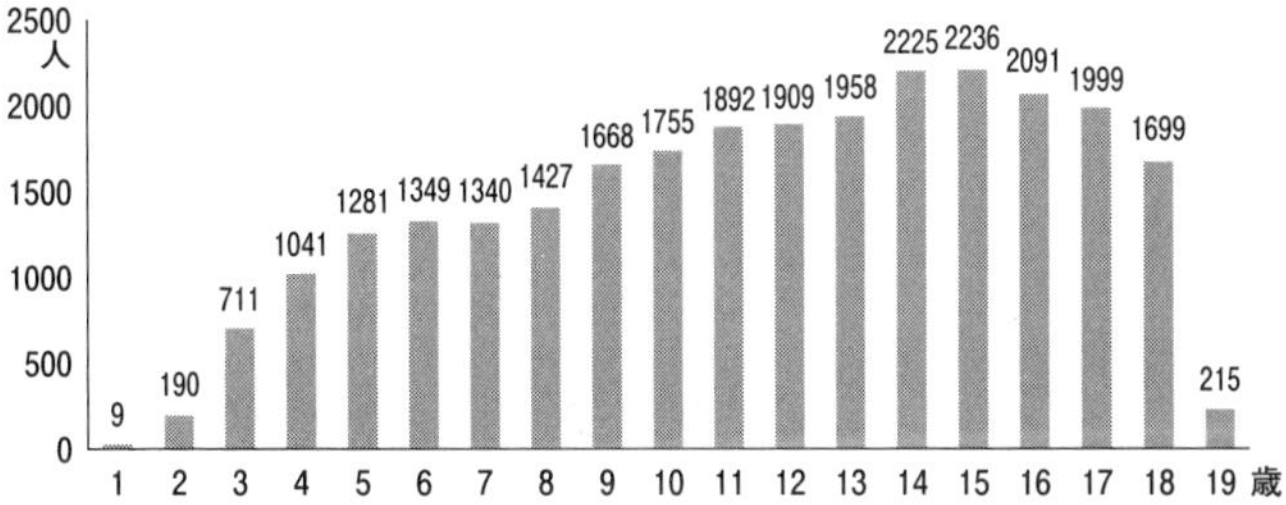

図1　年齢別・施設で暮らす子どもの人数（2018年）
（児童養護施設入所児童等調査より）

校のような外観ですが、実態は少し違います。以前は大きな建物で、多数の子どもたちが生活する大舎の施設が多かったのですが、現在ではより家庭に近い環境で、可能な限り子ども一人ひとりの育ちを大切にできるように、施設の小規模化に向けた取り組みが進んでいます。生活単位を小さくし少人数で生活を送る小舎の施設や、地域の一軒家で生活するグループホームなどが増えています（図2）。

毎日の暮らし

児童養護施設では、子どもたちが共同で生活しています。朝起きてご飯を食べ、身支度を整えた後に、近隣の幼稚園や学校に通います。高校や専門学校、大学に通っている子どもたちもいます。帰宅後は宿題をしたり友人と遊んだり習いごとに出かけたりと、それぞれに時間を過ごします。夜には夕食をとり、その日の出来事について会話をし、眠りにつきます。大人と子どもとの関係性や生活のあり方は

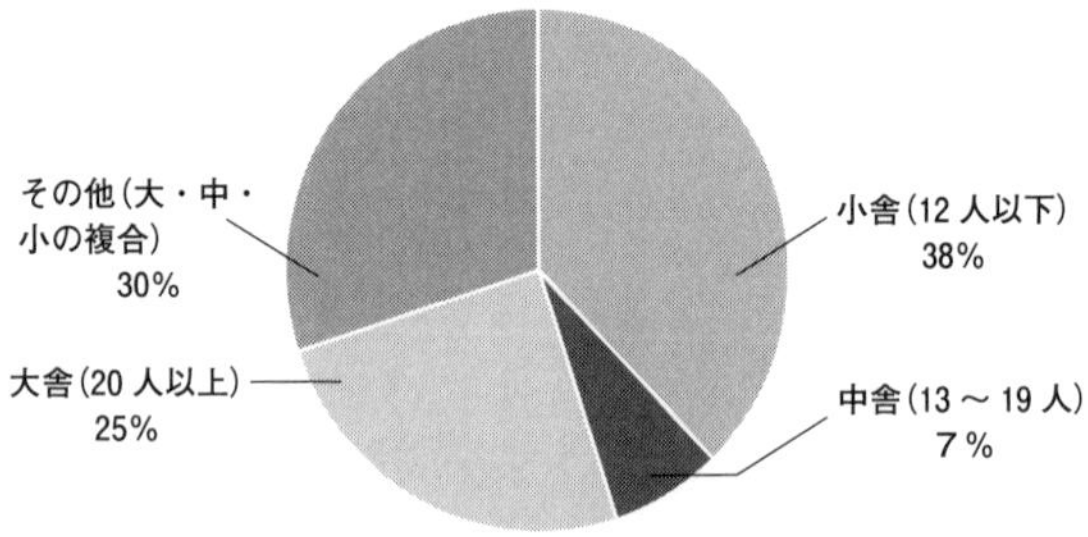

図２　児童養護施設の施設形態
（2018 年全国児童養護施設協議会調べ）

家庭と異なっていても、あたたかい住まい、清潔で配慮された環境、おいしい食事など、毎日の暮らしのなかで大切にすることは変わりません。

ただし、児童養護施設が「家庭的」な暮らしを志向することは、「施設的」な暮らしの対極を目指すこと、家庭には及ばない施設がそこに近づこうとすることと捉えられがちですが、決してそうではありません。物理的環境だけを家庭に似せようとしているのではなく、家庭が子どもの育ちに及ぼす好ましい影響――親密な関係性、こころが休まる時間や空間、自分には居場所があり人生が連続しているという暗黙の感覚、社会性を身につけ地域の一員として認められる体験など――を追求し、日々の暮らしの質を高めようとしているのです。

4 夜空ノムコウ

ある中学生は、夜間に職員室で記録を書いていた私ともうひとりの職員のもとへやってきて、ちょっとした打ち明け話をした後、「今の私、素直に話してるよね。夜って人を素直にするよね」と少し照れた様子で話し、落ち着いた足どりで自室に戻っていった。普段はおよそ〝素直〟とはほど遠い子であり、それだけに「話せてよかった」と私も素直に思った。

施設生活を当事者として、また職員として経験した市川太郎氏は、施設で暮らす子どもたちには朝の顔、昼の顔、夜の顔の三つの顔があるという。そして、昼間の顔は外に向けられた子どもの一部でしかなく、夜にこそ子どもの本当の顔が現れ、重大な対話はこの時間になされることが多いと述べている。トラウマ研究の世界的な権威であるヴァン・デア・コークも、夜のナースステーションで、昼の回診時間中には決して医師に語られないトラウマ体験を幾度となく聞いたことを記し、夜の静寂のなかでは人がこころを開きやすくなることを指摘している。私たちがそれまで秘していたことを誰かに伝えようとするとき、昼の光の下よりも、夜の暗闇のほうを親和的に感じるのは、洋の東西を問わない普遍的な現象なのだろう。子どもたちと共に夜の時間を過ごせるのは施設職員の特権であり、いつもとは少し異なる彼らの一面を、私はその時間によく見聞きすることになった。

あまり施設のことを知らずに、大舎制の施設の児童指導員として入職したばかりの頃の話である。初回の宿直はベテラン職員が一緒についてくれたものの、二回目からは男性職員の宿直は一名（加えて、女性職員の宿直一名の計二名）だということを聞かされ、絶望的な気持ちになった。何もわからない新人職員（実際、当時の私は〝二八条〟も〝措置変〟も何のことかさっぱり理解していなかった）に本当に子どもたちを任せて大丈夫なのか、そもそも、五〇人の子どもたちをたったふたりの大人が世話するというのは率直に言ってかなり無理があるんじゃないか、と。後から、施設職員の配置は「夜は子どもたちが静かに眠っている」という前提で考えられていることを知った。

むろん、子どもたちは静かに寝てくれるはずもなく、月七～八回の宿直は悪戦苦闘の連続だった。不適切な養育を受けた子どもたちにとってはとくに、夜は不安や恐怖の強い時間帯である。それでも、小学生は比較的早くに眠りについていったものの、中高生たちは、新人職員の言うことなど簡単に聞いてはくれなかったし、学校に行けず思い悩んでいる子どもたちにとっては、闇の訪れこそが活動開始の合図だった。

子どもたちが時間どおりに動かないことに焦ったり苛立ってばかりだった。養育者として、日課に沿った健康的な生活を送らせたいと思う一方で、自分が本当にやりたかったのは子どもたちに言うことを聞かせたり、ルールに従わせたりすることなのだろうかと、自問自答を繰り返した。先輩職員と同じことはできなくても、自分なりにできることはあるはずだ。子どもたちを「寝かせること」にエネルギーを注ぐのではなく、彼らが眠るまでの時間を心地よく一緒に過ごせればよいのだ、とひとまずの結論を出してからは少し気が楽になった。

そんなわけで、私の宿直の日にはよく中高生が就寝時間まで（金曜日や土曜日には就寝時間を過ぎても）集まり、ゲームをしたり話をしたりして一緒に過ごす機会が多くなった。なるべく時間を守りつつも、みなで穏やかに楽しく過ごせるような工夫をこころがけた。個々に携帯ゲーム機で遊んでいた子どもたちに、みなでＵＮＯやトランプで遊ぶことを提案した。その後、「大富豪」が流行り、もう少しチーム間の駆け引きがある「ナポレオン」を教えると、それもしばらく大流行だった。勉強をしようとしない子どもたちと、せめてテスト前はと、漢字書きとりの得点を競いあったり、百人一首で真剣に戦ったこともあった。「数独」や「ラミィキューブ」などなるべく楽しみながら、数字や計算に親しむ機会を作るようにもした。そんなことを重ねるうちに、勉強に興味を持ち漢字検定を受けた子もいた。

よかったことばかりではない。私が熱を出して宿直をしているときに、職員室にしまってあったお菓子をごっそり盗まれたときは、何か勝手に裏切られたような気持ちになった。遠く離れた自分の家に帰ろうとする子どもを追いかけて遠くまで一緒に歩いたこともあれば、見知らぬ子どもの友人が勝手に部屋に入っていたのを発見して帰宅させたこともあるし、夜中に突如勃発した喧嘩を収めるのに数時間を要したこともある。家出をした子どもたちが、明け方ヘラヘラと笑いながら戻ってきたときに（彼女たちも気まずかったのだろう）、怒鳴りつけてしまったのは苦い記憶である。こうした出来事は特別なものではなく、施設職員の多くが経験しているようなことばかりだと思う。

六〜八人が集まって夜に話をするなかで、驚くようなことを耳にすることもあった。ある子どもが「おれ、ここに来る前、草を食べていたんだ」と恥ずかしそうに語った。びっくりしている私の横で、別の子が「あれはけっこう食える」とうなずき、また別の子は「おれはデザートに公園で花の蜜も吸っていた」と何でもないことのように話した。あなたの過去は決して恥ずかしいものなんかじゃないんだよと、子どもたちが受けとめてくれたように感じられ、胸があたたかくなった。いざというときはそういう深い優しさを見せてくれる子どもたちで、さりげない気遣いに私もまた何度も助けられた。その後、食べられる野草もある、という話になり、翌週には昼間にとってきたタンポポやノビルをみなで夜食に食べた。

　話題は彼らの過去や未来に及ぶこともあった。ある子どもが「どうせおれはダンボールだからな」と言うと、別の子も「おれもダンボールでいいや」と話した。その後、ほかの子どもたちも、お互いに「おまえもダンボールだろ」「いや、おまえこそダンボール」などと、しきりに〝ダンボール〟と言いあっていた。話を理解できなかった私が「何のこと?」と聞くと、最初はみな言いよどんでいたが、「まあ、しんやになら言ってもいいか、別に隠すことでもないし」となり、「あれだよ、橋の下で寝泊りしてるやつは、ダンボールのなかにいるだろ」と教えてくれた。子どもたちのあいだでは、彼らのなかでだけ通じる隠語がある。子どもたちにとっての〝ダンボール〟とは、住まいも職も得られない、悲観的な自分の将来の象徴だった。

　子どもたちは大人の知らないところで、自分の生い立ちや将来の夢などを互いに共有していることも多い。過酷な環境のなかで私たちが想像もできないようなことを体験してきた子どもたちにとっては、自分以外にも同じような体験をしている子どもがいるという事実を知り、ひとりではないのだと実感することが救いになる場合がある。

彼らの輪のなかに少しだけ足を踏み入れるとき、私は仲間に入れてくれたことに感謝する一方で、自分だけが恵まれて育ったような気がして（そして、それは事実そのとおりなのだけれど）、なんだか申し訳ないような心持ちになることがあった。あたりまえのことであるが、自分と子どもたちとは違うのだと実感し、そういった体験をしていない私が、子どもたちのことを理解するためには何が必要なのかを、子どもたちを一人ぼっちにさせないために自分には何ができるのかを、いっそう考えるようになった。

今は解散してしまった表題のＳＭＡＰのヒット曲は、そうした夜の時間に、みんなでよく聴いた曲のひとつである。自然とおすすめの曲を、各自が披露する流れになっていた（「遅いからうるさい曲は禁止！」と言い渡してあった）。誰かがかけたこの曲を、「いい曲だね」と別の誰かがほめ、それから定番のＢＧＭになった。寂しさや倦怠感と同時に明日への期待もどこか感じさせる歌詞が、夜の雰囲気によく合っていた。

今は心理職として勤める私は、もう子どもたちと夜を過ごすことはない。新人職員の頃とは、子どもたちとの距離感や施設での立場もずいぶん違っている。それでも、この曲を聴くと、当時を思い出し、自分はあの頃の未来に立っているのだろうかと、少し感傷的になったりもするのである。

5　暇との戦い

今回は、ル＝グウィンの『影との戦い』をもじってタイトルをつけてみた。が、格調高い児童文学の名作の題を一文字変えただけで、かなりどうでもよさそうな内容を予感させるものになってしまったのが誤算である。

子どもたちはよく「ひまー」「つまらない」「何か（面白いこと）ない？」などと呟く。「何かって？」と尋ねると、「何かは何かだよ」と、返ってくる答えは多くの場合あまり要領を得ない。「何かしたいことないの？」と聞いても答えは返ってこず、「○○はどう？」と提案してみても、「えー」「やだ」「飽きた」といった消極的な返事のほうが多い。「子どもの頃は目に映るものがいつも目新しく新鮮！」というようにはなかなかいかず、そこには倦怠感さえ漂っているように感じることもある。

ホームや施設内をせわしなく動きまわっている小学生や、常にスマートフォンをいじっている中学生であっても、それをこころから楽しみ今が充実している、というよりは、何かに駆り立てられて、あるいはほかにやることがないから、やむなくそうしている、という感が強い。先日も、小学生が心理室に入ったとたん、「ヒマ」と言い捨てて腰を下ろした。「ヒマだね」と、その場でしばらくふたりでボーッとしていた。

大人になれば、そうそう毎日面白いことばかりあるわけではなく、（とくに児童養護施設という場所は）基本的には日々同じことの繰り返しである。繰り返すこと、変わらないことを保障することが施設職員の仕事の根幹とさえいえる。生活を支える家事や雑務は、養育の基盤である。しかし、職員の業務量は相当に多く、「ちょっと待ってて」「また後でね」というセリフは、もはや大人の定番となっている。施設において、衣食住の提供をおざなりにして子どもたちにかかわるのも、忙しさにかまけて子どもたちとふれあう時間を大切にしないのも、職員の姿勢としては十分ではない。ふたつのことを両立させるのは難しい。

忙しさを言い訳にはできないが、私自身も、児童指導員の頃は「もっと時間があれば……」と考えてばかりだったような気がする。勤務中には、何かがあったときに自分が対応しなければ、という思いが頭の片隅にあるせいか、勤務時間後のほうがさまざまな責任から解放されて、ゆとりをもって子どもにかかわれたように思う。本来ならば、仕事中であっても、子どもとのかかわりを楽しみながら、その時間を共にしたいのだけれど。

ミヒャエル・エンデは『モモ』のなかで、文明の利器が本当の意味で私たちを快適にしたのだろうか、あわただしく走り続ける現代人は魂を置き去りにしているのではないか、と疑問を投げかけているが、施設の大人に限らず、社会全体がゆとりを失っていることはたしかである。

さて、そうした環境のなかで、毎日せわしなく生活の場で子どもの世話をしている職員や、日頃からそうした職員の姿を見ている子どもからすると、生活棟から少し離れた事務所でボーッとパソコンだか何だかをいじっていたり、子どもといつも心理室で遊んでいる心理職という存在はよほど暇そうに、またかなり楽をしていると映るようである。当人としては、心理療法以外の時間は、面接の準備をしたり、煩雑な事務作業を片づけたり、各種の会議に出たり、生活の場にフラッと顔を出したり、電話対応をしたりと、それなりに忙しく仕事をしているつもりであっても、周囲の視線はあまり変わらない。が、先日、研修で出会った他施設の心理職が、「忙しいときであっても忙しく見えないほうが、みんな声をかけやすいと思うので、なるべく余裕がありそうに見えるよう努力しています」と話していた。周囲のプレッシャーさえ気にしなければ、暇そうに見えること（あるいは実際に暇であること）にも何かしらの意味があるのだろう。

たしかに、事務仕事に勤しんでいると、暇そうに見える大人のところへ時間を持て余した子どもたちがやってきて、「デュエマやろう」（デュエル・マスターズというカードゲームのことである）、「ウイイレで勝負しようー」（ウイニングイレブンというスマートフォンのアプリのことである）、「今、バスケできる？」（園庭にはバスケットゴールがあり、人数が足りないときは駆り出される）、「水ちょうだい」（事務所で飲食物は子どもに提供しないが、水一杯はＯＫと決まっている）、「早く漫画の続き買って」（事務棟にある図書室の拡充は私の担当である）などのあまり重要度の高くないお願いをされることが多い。子どもが登校しているはずの午前中であっても、不登校の子や通信制の学校に通う子もおり、油断はできない。

そんなわけで、いつも「暇」に付きあえるほど手が空いているわけでもないが（ここはとくに強調したい）、ときには子どもたちの求めに応じて、繰り返される毎日にアクセントをつけるべく、暇の解消法を一緒に探ることになる。しかし、そうそう「面白いこと」が見つかるとは限らないし、そもそも自分でなんとかせい、と思うことも少なくない。

ヨシタケシンスケの『つまんない　つまんない』は、つまんない状況を自分なりに考えることから面白みが生まれてくるという、思わずニヤリとさせられる絵本である。退屈であることにも意義はあるのだ。もともと「暇」を意味するギリシア語「スコレー」は「学校」の語源であり、生活に余裕のある貴族が余暇を利用して教養を身につけたことに由来するのだという。つまり、暇こそが真の学びにつながるのだという話らしい。

こんなふうに子どもたちが、〝つまらない〟を自分で哲学する力があれば、そして暇を活かして学びにつなげていくことができたら、と思う。しかし、施設で暮らす子どもたちの「暇」にかかわっていると、過去の成育史や現在の環境に関係するであろう、もっと根幹の部分に原因があり、先ほどの絵本のように身近なことを深く突き詰めるのは難しいだろうな、と感じる場面が多い（じっと座ったままものごとを考えたり授業を受けたり、という以外のことであれば、驚異的な集中力を発揮する子どもはとても多い）。そのため、彼らの「暇」をただ放置するだけでは、有意義な未来につながっていくとは思えずにいる。多くの場合、暇を持て余した誰かが、同じような他児にちょっかいをかけ、結果的にいざこざに発展するなど、あまりよい方向に向かわないという実際上の理由も大きいのだが。

根幹の部分とは、環境に自分から能動的に働きかけようとする意欲や周囲で起こる事象への好奇心の欠落であり、現在の環境への警戒心や苛立ちや諦めであり、将来の展望の見えなさである。こころのなかに大切な人がいないという空虚感を、何か別のもので埋めあわせようとしている（けれども多くの場合それはうまくいかない）ように見えるのだ。「非認知的能力」や「ひとりでいられる能力」——目標に向かって頑張る力、他人とうまくかかわる力、感情をコントロールする力、孤独を楽しむ力など——の欠乏と言い換えてもいいかもしれない。こうした力の不足は、「めんどくさい」「どうせ変わらない」「こんなことやっていてもしょうがない」といった言葉に帰結する無気力さに結びついているように感じられるのである。

それでは、まずは先述のような力を育んでいくために何が重要なのか、と考えると、答えはとても単純になる。なぜなら、非認知的能力においても、ひとりでいられる能力においても、その発達には、大人が共にいること、一緒に過ごすことが必要だといわれているからである。さまざまな力が十分に育っていない子どもたちに対して、まずは大人が相応のゆとりをもち、彼らと過ごす日々の時間を大切にしよう、というのは、とても平凡だが含蓄のある結論である。そして、考えてみればあたりまえの話でもある。きっと私たちも、誰かとの、何かとの出会いの結果、ひとりでいられるのだから。

ひとりでいるためには、ふたりでいることがまずは必要になる。北米における子ども・若者支援の理論・実践の支柱となっているチャイルドアンドユースケアの原則は「to children（子どもに対して）」「for children（子どものために）」ではなく「with children（子どもと共に）」「alongside children（子どもの傍らで）」である。何かを与えようとするのではなく、子どもたちの「暇」に付きあい、彼らとの時間を積み重ねること。その過程で、根本的な課題はすぐに変わらないとしても、いつかは自分自身で目標や楽しみを見出し、相応に人とかかわる力を会得していくと信じたい。

6 小さな〝奇跡〟

長男がまだ幼稚園の頃に、丸めた靴下を見せて「靴下、クルクルできるようになった！」と教えてくれたことがある。よほど嬉しかったのだろう。何だかこっちまで嬉しくなるような、印象的な笑顔だった。昨日はできなかったことが、今日はできるようになる。それは、あたりまえのことかもしれないけれど、一方で、奇跡みたいなものだとも思う。年をとるごとに「できなくなること」が増えることはあっても、「できること」はそんなに簡単には増えない。丸まった靴下を見ると、今でも私は彼の笑顔を優しい気持ちで思い出す（しかし、その後に「脱いだ靴下はちゃんと洗濯機に入れてって言ってるでしょ！」と妻は当然ながら怒り出す）。

奇跡というのは、一般的には、通常起こるはずのないことが起こることを指す。子どもたちとの生活のなかで、水面を歩行したり、水が葡萄酒に変わるような御業に出会うことは当然ながらない。でも、そこには小さな成長や変化や達成や発見や喜びが溢れている。

それは、GReeeNが「キセキ」で、米津玄師が「アイネクライネ」で歌っているような、誰の人生にも起こりうる、日々の暮らしのなかで遭遇しうるささやかな奇跡だ。

施設の暮らしにも、ありふれたことのようで、考えてみれば実はすごいことがたくさん転がっている。落ち着きのなかった子どもが一時間授業を受けることができた、喧嘩ばかりしている子どもがみなと話をしながら夕食をとることができた、遠慮がちだった子どもがどのような形であれ自己主張できた、引っこみ思案の子どもがアルバイトを始めた、などなど。ぐんぐん成長していく子どもを見ているのもわくわくすることだけれど、不器用でいろいろなことがうまくできない子どもがわずかでも成長する瞬間に立ち会うのも同じくらいエキサイティングなことだ。むろん、そこに至るまでには、子どもたちの努力や勇気、職員の知恵や根気があり、ある種のものごとは起こるべくして起こる。そうなってくると、今度は奇跡と呼べるのかどうかが疑わしくなってくるけれど、ここではあえてそう呼ぶことにしたい。

施設職員は、次から次へと起こるネガティブな出来事に日々対応を迫られる。文句は言われるし、罵声は浴びるし、要求は多いし、苦労のわりに感謝や成果は少ない。そんなときには、こちらが望ましいと考える姿を子どもたちに求めすぎているのではないかという点検も必要だし（点検した結果、やっぱりあの物言いは理不尽すぎるだろう、といった結論に至ることも多い）、「今日はこんなに大変だった—」と職員間で労わりあうことも大切である。

けれども、大変なことばかりではない。日々の暮らしのなかで、子どもなりの表現に思わず笑みがこぼれたり、彼らの優しさにふれて心温まる気持ちになったりすることもある。ハッと驚くような、感動するようなことだってある。私たちは、普段は忘れがちだが、本当に多くのものを子どもたちから受けとっているのだ。それが、次の瞬間には消えてしまうような、長くは続かない不確かで儚い光であったとしても、彼らが起こす小さな奇跡を目のあたりにできるのは、養育者としての特権でもある。子どもの欠点ばかりに目を向けるのではなく、日々のそういったエピソードをみなで意識的に見つけ共有していこうと、私が勤める施設ではヒヤリハットならぬ「にやりほっと」という取り組みを行っている（類似の工夫を行っている施設は多い）。記載されたエピソードには、Facebookのようにほかの職員から「いいね！」を寄せることができる。無理に子どもをほめようとするのではなく、彼らの言動を優しい素直な気持ちで面白がったり驚いたりするのがポイントだろうか。左記はそうした記載の一例である。

- 五歳女児：職員が肩こりや首の痛みで首が回らないと話していると、気遣ってくれる。

「大丈夫？　前向きで行くしかないじゃん。もう前向いてやるしかないよ」と言う。子どもは頭の方向の話しかしていないが、何だか疲れが溜まっていたので励まされた。

・六歳男児：「○○ちゃん（職員）の作ったお好み焼きおいしい！」と嬉しそうに昼食を食べる。「おいしいよねー」と言うと、「天国みたいな味だ」と幸せそうに話す。天国ってどんな味なのかなと思いながら、にやけている子どもが可愛くて仕方なかった。

・八歳男児：夕食前、メニューを伝えると、「まずそう！」と言うので、「〝お口に合わない〟と表現してください」と伝える。夕食中に「お口に合いました！」と教えてくれ、周囲から笑いが起こる。「そう言ってもらい、嬉しゅうございます」と返した。

・一〇歳男児：インフルエンザ予防接種の際、「別に怖くないけど、少し怖いから一緒に来てよ」と職員に同行を求める。注射される際、顔を背けつつ痛そうな顔をするが、終了後、「全然大したことなかった」と話す。

こうした記載にどんな意味を見出せるだろうか。テレビドラマ化もされたある漫画では、幕末にタイプスリップした外科医が、現代知識や技術を活かして、その時代からすればそれこそ奇跡に映るような手術を行い、患者を救い、当時の医療のあり方に大きな影響を及ぼしていく。劇中で外科医の活躍を目にしたとき、その専門性の高さに感心し、同時に自分の専門性を心許なく感じたものである。仮に自分が過去にタイムスリップしても、世の中を変えるような、後世に語り継がれるようなことは絶対にできないだろうな、と。

そういう状況になったとき（たぶんならないけど）、私のような施設職員が自分の経験を活かしてできることといえば、子どもの育ちを支える場を創り営むことぐらいだろうか。そこにはおそらく、革新的なことも、高度な技術を要するようなこともとくにない。でも、今考えれば、そのことに疑念を抱く必要はなかったのだ。なぜなら、養育と外科手術の技術は、あたりまえだがまったく異なるものだからである。

滝川一廣は『新しい思春期像と精神療法』のなかで、養育や教育や心理療法の世界では、特定の方法が広がりほかの方法を淘汰するという現象が起きない理由について、それぞれの立場や見解が、各自の人間観や価値観、さらにはそれを取り巻く多様な社会・文化的背景に根差しているためだと解説している。そして、唯一正しい人間観がありえないように、養育や教育や心理の決定版はありえないのだ、と説いている。

おそらく施設には、これからもいくつもの考え方が紹介され、導入されるのだろう。さまざまな専門家がかかわり、さまざまに業務が分化していくのだろう。そうした新たな知見や職種に対して、自分自身の人間観や価値観と照らしあわせて共感することもあれば、反発することもある。ただ、「こうすれば必ずうまくいく！」という方法が存在しえないからこそ、私たちは時代の変化や趨勢に合わせて、そうした知識や技術を吸収し、自分たちの行う養育のあり方を吟味しなくてはならない。

そして、人をケアし育てるという営みの本質は、最先端の技法や技術の表面にではなく、基底となる部分に宿る。子どもたちの支援目標として「安心・安全な生活のなかで関係性を構築し、子どもの成長・発達を促す」といった決まり文句がよく用いられる。しかし、日々の生活を共にするなかで、「子どもと意味のある関係が構築できた」「子どもが大きく成長した」と感じることなんて、それほどあるわけではない。そうした遠大な目標に到達するために私たちにできるのは、なにげない毎日のなかで配慮や工夫を重ね、小さな奇跡を生み出す豊かな土壌を耕していくことだ。手入れをしない家屋や庭がすぐに荒れてしまうように、子どもとの生活も毎日のたゆまぬ点検や手当てが必要になる。それ「しか」できないのではない。それ「こそ」が大切なのである。

淡々とした地味な生活の繰り返しのなかで小さな奇跡が生まれ、途方もなく感じられた「子どもの成長・発達を促す」という大きな目標に、いつかは辿りつけるかもしれない。そうなれば、それは本当の奇跡のようだ。だとすれば、私たちの仕事は奇跡を起こす仕事なのだとも言えよう。誇大広告だとしても、それは誇りをもてる、素敵な仕事だと思うのだ。

解説❷　児童養護施設で働く職員

チームでの養育

児童養護施設では、家庭であれば親が行うことを、保護者に代わって（あるいは保護者と力を合わせて）、さまざまな大人同士が協力しながらチームで成し遂げようと努めています。複数の機関や職員が協働することによって、それぞれの力が合わさっていけばよいのですが（1＋1＋1……のように）、それがうまく機能しない場合も実際にはあります（1をいくら掛けあわせても、1にしかならないように）。職員が増えることによって子どもに対する責任が分散されたり、子どもを総合的に捉える視点が失われたり、職員同士の個人的な好悪の感情が持ちこまれ、人間関係がごちゃごちゃと絡みあうことだってあります。

そのあたりは一般の家庭やほかの職場と大差ありません。それでも、さまざまな大人がそれぞれの専門性を活かしながら子どもたちにかかわり、多様な視点や立場から彼らの理解を深めることができるのは、児童養護施設の利点のひとつだと思います。

働いている職員の職種

実際に働いているのは、次の職種の職員です（施設によって、働いていない職種もあります）。

保育士・児童指導員：子どもと生活を共にする、子育ての専門職です。衣食住の提供に始まり、一緒に笑ったり怒ったりすること、遊ぶこと、話を聴くこと、勉強を教えること、怪我や病気の手当てをすることなど、保護者の代わりとして彼らの成長や回復に必要なことは何でも行います。「誰にでもできる仕事」のように捉えられがちですが、「誰と過ごしたか」によって子どもの人生は大きく変わります。

児童指導員の任用資格を得るには、次の方法があります。

①大学（短大を除く）や大学院で社会福祉学、心理学、教育学、社会学を専修する学科を卒業している
②幼稚園、小学校、中学校、高校いずれかの教員免許を保有している
③社会福祉士、精神保健福祉士の資格を保有している
④児童福祉施設で二年（最終学歴が中卒の場合は三年）以上の実務経験がある

家庭支援専門相談員：ファミリーソーシャルワーカーとも呼ばれます。子どもと家族がお互いに安心で心地よい距離で生活できるように、児童相談所の職員と協働しながら子どもと家族の支援を行います。家庭支援専門相談員になるには、①児童養護施設等で五年以上の勤務経験がある、②社会福祉士等の資格を有する、といった要件があります。

心理療法担当職員：さまざまな課題のある子どもたちに、心理療法や生活場面面接などを通して、子どもが生きやすくなる方法や、施設内外で生じた困難を和らげる手立てを一緒に探っていきます。また、子どもの言動の背景について、ほかの職員に心理的視点からの理解を伝えることもあります。心理療法担当職員になるには、大学で心理学を学ぶ必要があります。

自立支援担当職員：就労や進学に向けた支援、アフターケアなどを中心的に担います。自立支援計画作成の進行管理、子どもの学習支援、進学資金のシミュレート、職業選択や就労に関する支援、退所後の生活状況の把握や相談など、施設内外のさまざまな社会資源と連携しながら、子どもの自立（適切な依存）のために必要な手助けを幅広く行っています。

里親支援専門相談員：児童相談所の職員や地域の里親会等と連携して、里親の開拓、里親に対する研修、里親家庭の支援、里親委託の推進などを行います。施設職員としての知識や経験を活かしながら里親と協働し、子どもと里親、施設と里親をつなぐ役割を担っています。

栄養士：子どもたちの身長や体重、健康状態、食の嗜好などを把握し、栄養バランスのとれた献立や食事を提供します。これまでの生活の影響から、食物固執、過食、拒食、盗食などの行動を示す子どもは少なくありません。そのため、子どもとの食事作り、季節感のある食事の提供、食卓を楽しむ手立て、野菜や果物の栽培など、栄養士が行う食にまつわる支援は大切になります。

看護師：子どもたちの医療的ケア、通院の付き添い、感染予防、服薬の管理などを担っています。虐待の影響による低身長や低体重、乳幼児期に予防接種を受けていない子へのフォローなども行っています。コロナ禍で感染症への対応が求められる昨今では頼もしい存在です。

保育士や児童指導員の勤務

児童養護施設職員の多くは交代制です（少数ながら、子どもたちと職員が一緒に住む「住みこみ」という形態の施設もあります）。あくまで一例ですが、交代制の施設では施設や子どもの予定を考慮しながら、A勤（七〜一五時）、B勤（一一〜一九時）、C勤（一四〜二二時）、宿直（一五時〜翌日の二時）といった変則的な勤務の繰り返しになります。

休日が固定ではないため、平日に遊びに出かけたり、ある日は早起きしまたある日は午後からの出勤だったり、泊まりの日の睡眠時間が少なかったりと、変則的な勤務ならではの楽しみ方や苦労があります。

Ⅱ

傷つきと痛みに寄り添う

7 〝あたりまえの生活〟をめぐって

施設では、何気ない日常の繰り返しが子どもたちを癒し、育んでいく。私のような心理職が行う面接にもそれなりに意味や効果はあるのかもしれないが、日々の生活に勝るものはない。

毎日の生活のありようや養育の質は何より大切だが、「これが正解」とはっきり提示できない性質のものでもある。『児童養護施設運営指針』では、食事の心配がなく、ゆっくり休める場があり、不安やつらいことがあれば話を聞いて慰めてもらえるといった〝あたりまえの生活〟を保障することの重要性が述べられている。毎日の衣食住に事欠き、自分の考えや感情を受けとめてもらえる体験に乏しいなかで育ってきた子どもたちにとって、こうした環境が大切であることは言うまでもない。しかし、生活の細部を追求していくと、一人ひとり生まれも育ちも違う私たちが〝あたりまえ〟を共有していくことは、ときに困難な作業になる。

入所したばかりのある幼稚園児は、食事の際に必ずお茶碗にご飯を一口分だけ残した。どうして残すの、と職員が尋ねると、「とっておいて後で食べるの」と答えるのだった。入所前、彼女の家では食事がいつ出てくるのかもわからなかった。生きのびるために幼い彼女が考えついたのが、少しだけ食事を残しておく、という方法だった。健気な答えにベテランの調理職員は目頭が熱くなった。思わず「ここではきちんと朝、昼、夜の三回ご飯が出てくるんだよ！　あなたが今ご飯を全部食べても、次もきちんとご飯を作るから！」と力強く伝えた。ただ、その言葉をすぐに信じるには、彼女はこれまでつらい経験を重ねすぎていた。同じようなやりとりをしばらく繰り返しながら、三ヵ月が過ぎた頃、彼女はお茶碗のご飯を残さず完食できるようになった。調理職員もその様子を微笑ましく見守っていた。

食事をきちんととらずに出かけていこうとするある高校生を見て、職員が「普通は三食食べるんだって」と何気なしに諭すと、彼は激しく怒った。「俺の家では三食飯が出たことなんてなかった！　てめぇは俺の家が普通じゃないって言うのかよ！」と。彼がそこまで声を荒らげることは珍しかった。怒っているようにも泣いているようにも見えた。施設に入所する前、彼は毎日給食で命をつないでいるような状況だった。けれども、彼は自分の育った家庭を愛していた。職員は自分の発言が彼の家族を否定するように響いたことをすぐに悟り、「ごめん……。そういうつもりで言ったんじゃなかったんだ」と謝罪した。口は悪いが、子どもの想いを敏感に感じとり、自分の非を素直に認めることのできる職員だった。彼の怒りは容易にはおさまらなかったが、最後にはふたりとも目を赤くしながら自分の想いを伝えあおうとしていた。

施設で暮らす多くの子どもたちは、過去の被虐待体験や極度の貧困生活、施設にいることや親と暮らしていないことなど、社会の多数派とは異なる状況に負い目や引け目を感じ、「自分は普通ではない」「普通でありたい」という感覚をどこかで抱いている。そうした子どもたちにとって、毎日の生活を通して所属感、自己肯定感、信頼感といった感覚を育んでいくことが重要となる。私たちは、彼らの体験を尊重しつつも、〝あたりまえ〟の暮らしとその心地よさを子どもたちに伝え、お互いのもつ文化や価値観をすりあわせていくことが求められる。そして、子どもたちもまた、自分の固有の世界を大切にしつつも、社会の一般的なありように少しずつ歩みより、その一員として巣立っていってほしいと感じる。

子どもとのあいだで〝あたりまえ〟を共有することは難しいが、大人同士でも容易ではない。かつて、地域の一軒家を借りて、グループホームを新たに立ち上げたことがある。そこで求められた最初の、そして最も大事な話しあいは、一緒に仕事をするほかの二人の職員と六人の子どもたちとのあいだで、ホームのスタンダードを確立していくことであった。ご飯に毎食ふりかけをかけるのをどう思うか、ゴミ箱をリビングに置くのは見栄えが悪いのでは、朝カーテンを開けたら房掛けに留めるのか、夏は湯船に浸からずシャワーですませていいのか、冷暖房をつけて寝ることと健康や電気代との兼ねあい……一つひとつはごくささいな事柄であるが、多岐に及ぶ生活のあり方を確認し、話しあっていくと、それぞれの〝あたりまえ〟が違うことにあらためて気づかされた。

　こうして列挙してみると、どちらでもかまわないようなことばかりだが、そのときはみな真剣に議論した。家庭は子どもたちの社会化の場である。暮らしを共にする者同士が互いの人生観や子育ての方針などを話しあうように、別々に育った者が共通の文化を築いていくためには、異なる価値観のぶつかりあいが必要なのだと思う。

　さらに、家庭的な養護が推進されつつあるものの、施設のありようは一般家庭とは異なっている。先日、子どもたちが絵本を手に「就寝対応のときに読んでもらうんだ！」と話している姿には、苦笑いだった。こうなると「ケア（世話）」というより、「トリートメント（処遇）」の色彩のほうが強いだろうか。ほかにも、「外出の際には専用のノートに目的と行き先を記入しなければならず、しかも異様に門限が厳しい」「携帯電話はアルバイトをしないと使用できないし、夜は必ず職員に預ける」「子どもは許可を取らないと職員室には入れない」など、施設の方針や諸事情によって、一般家庭にはあまりみられない決まりごとも一部では存在する（あるいは家庭にもありうるルールなのかもしれないが）。そのため、「施設っぽさをなくそう」をスローガンに、施設にありがちな前提の排除を目的とした委員会が活発に活動している施設さえある。

「施設っぽさ」の見直しが貴重である一方で、先の委員会のような取り組みが進めば、職員が交代勤務で過ごすなか、次に勤務する職員が子どもにわかるよう掲示することなど、子どもたちを安心させようとする配慮もまた「施設っぽい」ため、廃止の対象となるかもしれない。だが、施設はあくまで施設である。家庭に限りなく近づくことはできても、家庭そのものにはなりえない。たとえば、職員が勤務中に飲酒をすれば多くの施設では処分の対象となる（一般家庭では、大人が酔っ払っている光景は珍しくないであろう）。施設では衛生上、一定期間を過ぎた食事は廃棄しなくてはならず、もし食中毒が起これば保健所の指導が入ることもある（一般家庭では残り物は翌日のおかずにされるだろう）。

児童養護施設を舞台にした朝井リョウの小説『世界地図の下書き』では、両親を亡くし、引き取ってくれた伯母をどうしても「お母さん」と呼べない少年の姿が描かれている。家庭に複雑な想いを抱く子どもたちにとって、家庭的なあり方に接近することが脅威や反発を呼び起こすこともある。いずれにせよ、社会の〝あたりまえ〟とはいささか異なる施設の環境下で、〝あたりまえ〟の感覚を育んでいこうとすることが、そもそも矛盾を孕んでいるのである。

先に、施設は家庭そのものにはなりえないと述べたが、それは施設での暮らしが家庭に劣るという意味ではない。施設は特別なケアを要する子どもに対し、彼らの回復と成長を支えるためにさりげないけれども専門的な支援を生活のなかで提供することができる。その観点からみれば、施設が家庭と異なるのはむしろ当然である。子どもの発達に家庭が果たしている要素が、施設での営みのなかにごく自然に活きていれば、施設で暮らした風景もまた生活の原型として子どものこころに残っていく。もちろん、いずれ施設を巣立つ子どもたちが、一般家庭のありように違和感を持たないような配慮は求められるが、家庭と施設は違っていてもよい。施設職員も生活の質の向上を目指し社会に向けてその実態を発信していかなくてはならないが、願わくば社会の側もまた、さまざまな道を歩んできた子どもたちに、歩み寄ることばかりを求めるのではなく、多様な個性を許容し迎え入れるようであってほしい。

たとえ世の中の〝あたりまえ〟と違っていても、家庭と違っていたとしても、私は子どもたちに施設で暮らすことに引け目を感じてほしくないし、「施設で育つのも悪くないな」と思えるような社会にしていきたいのである。

8　喪失の痛み

ある小学生は、帰宅後にリュックにつけていたキーホルダーがなくなったことに気づいた。一ヵ月ほど前にガチャガチャを回して出てきたものだ。そのときは「ちっ、コイツかよ」と落胆しており、特別に好きなキャラクターというわけではなかったようだが、とりあえず普段使っているリュックにつけることにしたらしい。そんなわけで、普段はあまり大切にしているように見えなかったが、どうも施設内には落ちていないらしいとわかった彼は「俺のキーホルダーがない！」と泣きながら大騒ぎした。彼をなだめ、その日に遊びにいった場所を一緒に探してみたものの、結局見つからなかった。「俺のものはいつもなくなるんだ」と肩を落として歩く姿を見て、「まあ、なくなったものはしょうがない。今度、またガチャガチャ回しに行こうぜ。今度はもっといいのが出るかもしれないよ」と誘うと、彼は一瞬目を輝かせたものの、「どうせ、それだってまたなくなるんだ」と、この世の終わりのような顔で言った。

私自身があきらめきれずに勤務後にもう一度、ひとりで探しにいってみたものの、何も見つけることはできなかった。彼らはこれまでの人生のなかで、すでにたくさんのものを喪っている。たとえ小さな落し物だとしても、一見だいじに扱っているように見えなかったとしても、たぶん私は彼に、もうこれ以上何かを喪ってほしくなかったのだと思う。

私たちは、大切な人を喪ったとき、難病にかかったとき、体の機能を喪ったとき、自分の一部が永久に損なわれたかのように感じる。喪失という体験が大人にとってさえつらく耐えがたいものであるならば、私たちよりももっと小さな子どもたちは、その事実をどのように受けとめていくのだろうか。

子どもたちはみな、多くのものを、あるいは喪い、あるいは奪われて、それでも懸命に生きている。そもそも施設への入所自体が大きな分離・喪失体験であり、彼らはみな、自分の暮らしていたふるさとから（多くは突然に）離れ、施設へとやってくることになる。たとえ不適切な環境であったとしても、子どもたちにはみな、それぞれに大切に思っていたもの、喪いたくなかったものがある。それは、家族、友人、先生、ペット、お気に入りの玩具など具体的な人やものであったり、「お母さんとの思い出」「子ども時代」といった抽象的なものであったりする。

しかし、喪ったものがどれだけ大きかったとしても、子どもたちはいつも暗い顔をしているわけでも、常に落ちこんでいるわけでもない。日常のふとした瞬間に、子どもたちの隠された想いに気づいたり、彼らの胸の内を再確認させられることがほとんどである。そんなときは、子どもたちのこころの内を十分に理解していなかったことを悔やむ一方で、喪失にとらわれているよりも、普段は子どもらしく遊んだり笑ったりしているほうがずっといいと思っている。たとえ、こころのなかでは痛みを抱えていたとしても。

幼い頃に入所し、それ以来一度も家に帰ることのなかった小学生の女の子が、紆余曲折を経て再び家族との交流を始めた。やがて家族から、今度家を新築したら彼女の部屋も用意するつもりだから、そのときは一緒に家を見にいこうと誘われた。「新しいお家」に興味をもつだろうという大方の予想に反して、彼女はそれを断った。後から理由を尋ねた職員に、彼女は「だって、新しいお家を見にいくと、前のお家を忘れちゃうでしょ」と答えた。「どういうこと？」と質問を重ねる職員に、「髪形だってそうじゃない。新しい髪形にすると、最初は変だなって思っていても、そのうちそれに慣れちゃうんだよ」と説明してくれた。

これ以上ないぐらいわかりやすい比喩だったし、もともと以前から素敵な言葉のセンスを発揮していた子だった。「新しい家のほうが綺麗で快適で、子どもはそれを喜ぶだろう」という大人の考えは浅はかで一方的なものだった。どんなに古い家であったとしても、彼女にとって、それはかけがえのない場所で、忘れたくない大切な思い出だったのだ。遅まきながら彼女の返事からそのことに気づき、取り壊されようとしている前の家を何とか一緒に見にいくことができた。彼女は写真を撮り、満足そうに帰ってきた。

老朽化した施設の建て替えを知ったかつての入所者の方や、過去に暮らしていた町を訪れるときの子どもたちが、同じような反応を見せることがある。久しぶりに降りた駅で馴染みの店がなくなっていたときのように、自分の慣れ親しんだ場所が、知らないうちに一変してしまうというのは、やはり寂しいことなのだ。

新たに変わっていくことを肯定することは、自分が喪ったものを否定することと同義ではない。それでも、喪ったものが自分にとって大切で慣れ親しんだものであればあるほど、新しい生活や家族などの大きな変化を子どもたちは容易に受け入れようとはしない。喪ったものの重さがそうさせるのであり、それは当然の感情だと思う。二度と会えない人や二度と戻ってこないもの……なくしたものが何にも代えがたい場合も少なくはない。

そのため、施設の生活を通して、喪ったものをもう一度取り戻していくこと、あるいは、喪失を超えて生きる意味を新たに見出していくことが、私たちに求められる重要な支援になる。事実を分かちあうためにライフストーリーワークなどの特別な取り組みが必要になる場合もあるが、基本的には長い時間の経過のなかで行きつ戻りつしながら、子どもたちは自分が喪ったもの、得たものを少しずつ見つめなおし、受けとめていく。

中学生の子どもふたりに誘われて、一緒に映画に出かけたときのことである。珍しく自分のお小遣いを出しても観にいきたいと言うので、私も付き添うことにした。「好きな女優が出ているから」というのがその理由だった。映画のストーリーは次のようなものだった。母親を病気で亡くし、父子で暮らす家庭に、ある日亡くなったはずの母親が現れる。雨の季節に起こった六週間の交流を描いた作品だった。映画のなかで、再び訪れる別れを察して「ママは僕のせいで死んじゃったんでしょ?」と言う息子に対して、「バカね、そんなふうに思っていたの? あなたは望まれて生まれてきたの。素敵な大人になってね」と母親は優しく伝える。

ふとそのシーンで隣を見ると、驚いたことに子どもたちはふたりとも涙を流していた。彼らが泣いているのを見たのは初めてで、思わず見なかったことにしようと画面に集中することにした。ああそうか、と思った。偶然なのか、だからこそ映画を観にいくことを希望したのか、彼らはふたりとも母親を亡くしていた。それに気づいたとき、私ももらい泣きしそうになったが、映画に感動したと誤解されたくなかったので、涙をこらえることにした。映画の後、食事をとりながら感想を言いあうとき、誰もそのことにはふれなかったが、どこか穏やかな空気が流れていた。彼らがその映画を一緒に観ようと言ってくれたことが素直に嬉しかった。「ふたりとも素敵な大人になってね」と笑顔で、でも真剣な気持ちを伝えると、「なんだよ、映画の真似かよ！」と言いながらも、すっきりとした顔をしていた。亡くなった人が戻ることはない。映画のような奇跡が彼らの身に起こることは決してないけれども、ちょっとした出来事に悲しくなったり救われたりしながら、私たちは毎日を生きていく。

喪失は人生に付きまとうものでもあるが、それがすべてではない。取り戻せないもの、帰ってこないものがあったとしても、何もかもが喪われたわけではない。人生には楽しいことも起こりうるのだ、これまでの生活のなかで得たものもまたあるのだ、と思えるようであってほしい。そして、子どもたちがそう思えるような出会いを、かかわりを、思い出を、私たちは日々の生活を通して積み重ねていかなくてはならない。いくつもの分離・喪失体験を経てきた彼らが自分の存在を肯定的に捉えていくことは容易ではないが、決して何かを喪ってばかりの人生ではないし、理不尽を乗り越える強さも、子どもたちはもっているのだ。それは、彼らが私に教えてくれたことでもある。

9　生きることと生き残ること

まだ小学校に入る前のことだったと思う。年上の従姉からこんな質問をされたことがある。

「もし、自分の家族がみんな死んじゃったらどうしたい？　生きたい？　死にたい？」

どうしてそんな話になったのかは覚えていない。そのときは「生きたい」と答えた。積極的にその選択肢を選んだというよりは、家族の存在はあまりに身近すぎて、いなくなるということが考えられなかったのだと思う。そして、それ以上に〝死〟ということがうまく想像できなかった。従姉は「私だったら死にたくなると思う。だって、この世に家族が誰もいないんだよ」と語った。幼い頃の会話だったが、不思議と印象に残っている。

臨床家が「生き残る」という用語がある。もともとは精神分析家のウィニコットの言葉で、表出された攻撃性の意味を理解したうえで、報復や無視をすることなく受けとめていくことを指す。治療論的に言うならば、クライエントの主観的な世界を超えて、対象である支援者が存在し続けるということである。しかし、もとの意味から外れて、単に「面接を続ける」「仕事を辞めない」という意味で用いられることも多い気がする。

理不尽な暴力にさらされてきた子どもたちの表出する攻撃性はすさまじい。施設で仕事を続けるなかで、生活場面で刃物を持った子どもと対峙したことは片手で数えられるぐらいはある。もちろん、面接室に来るたびに不穏になる子どもの暴力を最初のうちは制止してばかりだったという経験だってあるし、心理職の業務が楽だと言うつもりはない。それでもやはり、子どもの身近で支援をする養育者が「生き残る」というのであれば理解できなくもないが、生活の場から離れ直接的な暴力にさらされることの少ない心理職が「生き残る」という言葉をむやみに用いることには、ときに抵抗を覚える。それは、実際に過酷な環境のなかで育ち生死の境から生還してきた子どもや、大切な人を喪って自分だけがこの世界にひとり残された子どもに出会ってきたからである。

中学生の子どもが万引きや喫煙をした、ということで担当職員から面接を依頼された。初めて顔を合わせたその男児と話をするうちに、話は幼少期の頃に及び、やがて亡くなった母親の話になった。彼の母は彼が小学生のときに自宅で倒れ、帰宅した彼が発見し、すぐに救急車を呼んだ。面接のなかで彼は「お母さんが亡くなってから俺、変わったのかな。でも、だんだんお母さんの顔が思い出せなくなってきてるんだ……」と呟き、母が倒れていたときのことを今でも夢に見ること、自分にあのとき何かできたのではないか、もっと親孝行できたのではないかということ、母の死後に暴力に頼ることが多くなったことなどを語った。「あなたは、まだ小さかった。その小さかったあなたが、その状況でちゃんと一一九番をして救急車を呼んだ。それは本当にすごいことだと思うし、誰にでもできることじゃない。お母さんが亡くなったことについて、あなたは何も悪くない」と話し、一般的なトラウマ反応について簡単に説明をした。彼は少しほっとしたようだった。

表情がよくなってきた彼に母との思い出を教えてほしいとお願いすると、「料理が上手だった。レストランとかよりも、今まで食べたなかでお母さんのシチューが一番おいしい。俺も作るけど、お母さんの味と違うんだよ。何かアレンジしてたのかな」と話してくれた。「本当に料理が上手な人は豪華な食材を使うんじゃなく、ありあわせの材料でおいしいものを作る。お母さんはそういう人だったんじゃないかな？」と言うと、彼は「そう！ジャガイモがすごいおいしいおかずになったり、手作りのケーキも作ってくれた。お母さんは絶対俺の誕生日を覚えていてくれた。おめでとうって言われて嬉しかったな……」と懐かしそうに、切なそうに話した。私も切ない気持ちになりながらも、亡くなった母の存在が彼のなかで息づいていることに安堵を覚えた。

ある高校生が突然学校に行けなくなったことがあった。これまで順調に通えていたのにどうしたのかと話を聞くと、彼女はずっと黙ったままだったがしばらくして、「もうすぐ誕生日なの」と呟いた。誕生日はもう少し先なのではと聞くと、「私じゃない、妹の誕生日……」と話した。彼女の妹は事故で亡くなっていた。義父からの虐待によるものとの疑いもあったが、真相は闇のなかだった。彼女は入所後、笑顔を見せることはほとんどなく、PTSDと思われる症状がしばらく続いた。不審者情報が地域の小学校で流れれば、「自分のことを義父が殺しにきたのではないか」とパニックになったこともあった。紆余曲折ありながらも、精神的に安定し、充実した生活を送っていた矢先だった。

入所後、妹のことをめぐってさまざまな話をし、周囲の大人とやりとりするなかで、自分なりに一定の収まりをつけていたように見えた。「どうして今になって、妹さんのことを？　それとも、ずっと気になってたの？」と尋ねると、「ずっとじゃない。最近は毎日楽しくて……」と声を詰まらせた。大切な人を亡くした子どもたちは、亡くなった人への愛情から、自分が喜びや楽しみを感じることに罪悪感を覚えることがある。その想いの深さに胸が締めつけられる一方で、でもそんなふうに感じなくてもいいのだ、と思う。「あの子のことを考えると、私は自分が笑っちゃいけないって思うの」と涙を見せた。「もし、妹さんがこの場にいたとしたら、そんなふうに言うかな？」という少しずるい私の質問に、「あの子はそんなこと言わない」ときっぱり答えた。続けて「でもやっぱり私が笑っていいとは思えないの……」と小声で話した。そうだろうな、と思った。ふたりは少し年が離れていたけれど、仲のよい姉妹だったと聞いた。不在がちな両親に代わって、彼女は妹が生まれた頃からよく世話を焼いていた。

妹さんを思う気持ちはとてもだいじだけれど、妹さんはあなたが楽しい毎日を手放そうとするのを望まないと思う。ここに来てから、あなたがどれだけ頑張ってきたかみんなが知っている。私たちはあなたが毎日を楽しく過ごせることが嬉しいし、あなたが笑っても誰も責めたりしない、という内容のことをどうにか伝えた。彼女はしばらく黙っていたが、「どうしてあの子が死ななきゃいけなかったの?」と絞りだすように囁いた。「助けられなくてごめん」と頭を下げる私に対して、彼女は「私だって助けられなかった……」と声を震わせ、涙を流した。

心理面接を継続する尊さや、その場に居続ける苦労も知っている。しかし、心理職である私は、枠に守られた部屋でわずかな(けれども、かけがえのない)時間を共にし、そのかかわりのなかで実際に命を落とすことはおそらくない。そういう私が、過酷な体験を経てそれでも懸命に生きてきた子どもと向きあう際に「生き残る」という言葉を発するのは、子どもたちに対して失礼なことだと感じるのである。たとえそれが、専門家間でかわされる象徴的な表現だったとしても。些細なこだわりかもしれないが、個人的な好みの問題かもしれないが、だから「生き残る」という言葉を私はこれまでもこれからも使うことはない。

角田光代の小説『八日目の蝉』は、蝉に仮託した自己物語の変遷の話でもある。主人公は子どもの頃、地上に出て七日で死ぬ蝉に同情するが、大人になると、どの蝉も死ぬのであればかなしくはない、みんな死に絶え自分だけ生き残ったとしたらそのほうがかなしい、と思いなおす。物語の終盤には「八日目の蝉は、ほかの蝉には見られなかったものを見られるんだから。見たくないって思うかもしれないけど、でも、ぎゅっと目を閉じてなくちゃいけないほどにひどいものばかりでもないと、私は思うよ」という幼馴染の言葉がゆっくりと胸に広がっていく。

生きのびたことによって遺されるものが絶望や後悔や罪悪感だけだとしたら、哀しいことだと思う。けれども実際に、そうとしか考えられない子どもたちが今も私たちの前に生きている。哀れんだり同情したりするのではなく、彼らと共に過ごす日々のなかで、いつか生き残った瞳に映るのは新しい光景であってほしい。生き残ったかけがえのない命を未来につなげていくことは、私たちに、そして社会に課せられた責任である。

解説❸ 子どもと家族

子どもたちの入所する背景

　児童養護施設は、もともとは戦災孤児の保護を目的として設置され、死別などによって保護者を喪った子どもたちが多く入所していました。現在は、保護者がありながら、虐待やネグレクトなどの不適切な養育によって児童相談所が介入し、措置される子どもたちが増えています（図3）。

　多くの子どもたちは、施設に入所した日のことをよく覚えており、どんな人がどんなふうに自分に話しかけてくれたか、どんなものを食べたか、何年の何月何日か、驚

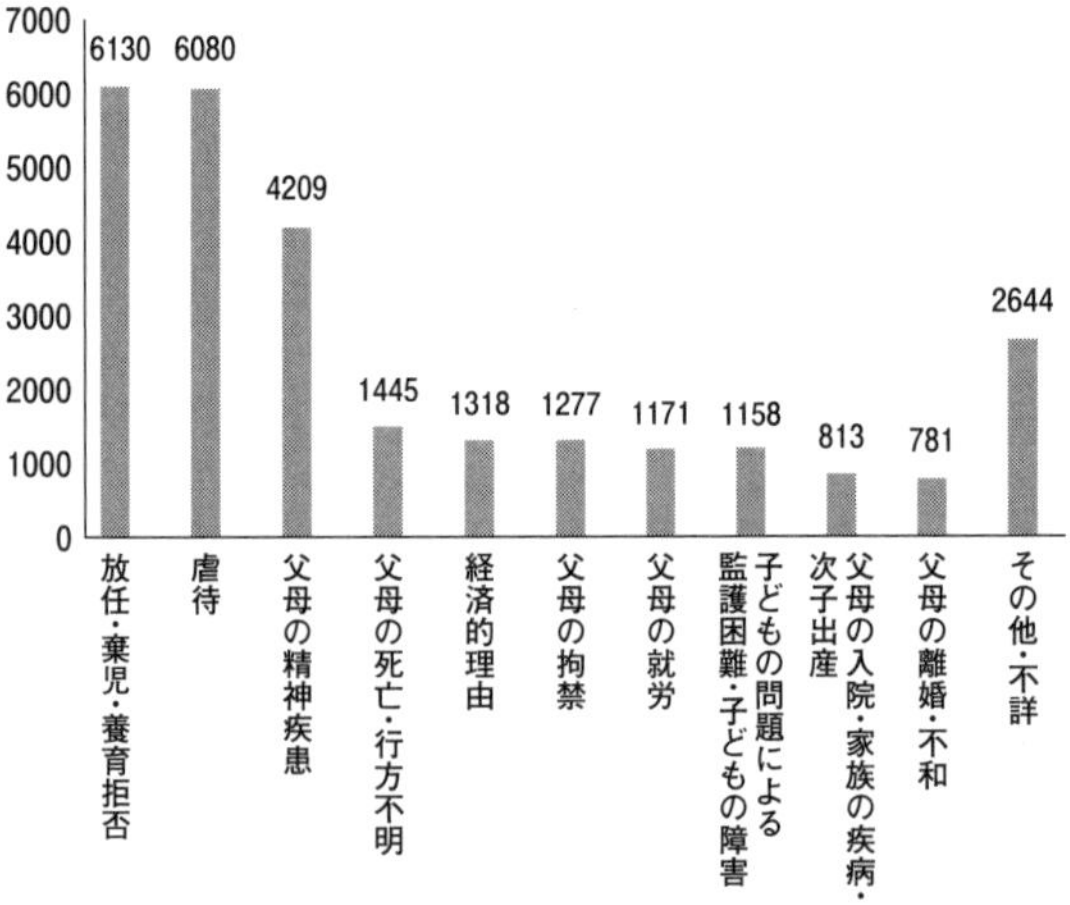

図3　子どもたちの入所理由（2018年）
（児童養護施設入所児童等調査より）

くほど詳細に記憶しています。それは、児童養護施設への移行が、子どもたちにとっては良くも悪くも人生が変わる瞬間だからでしょう。

子どもたちの保護者

子どもたちの保護者は、「実母のみ」が半数近くを占めています（図4）。ひとりで子育てを行う環境下では、物理的・経済的理由などによって、子どもの安心・安全が十分に守れなかったり、子どもへのかかわりに余裕がなくなり、ていねいな子育てが難しくなりがちです。

母子世帯における母親の平均年収は二四三万円ほどで（厚生労働省「平成二八年度全国ひとり親世帯等調査」）、多くは経済的に困窮しています。こうした家庭に必要なのは、十分に子育てができないことを責めるのではなく、ひとりで子育てを担う不安や

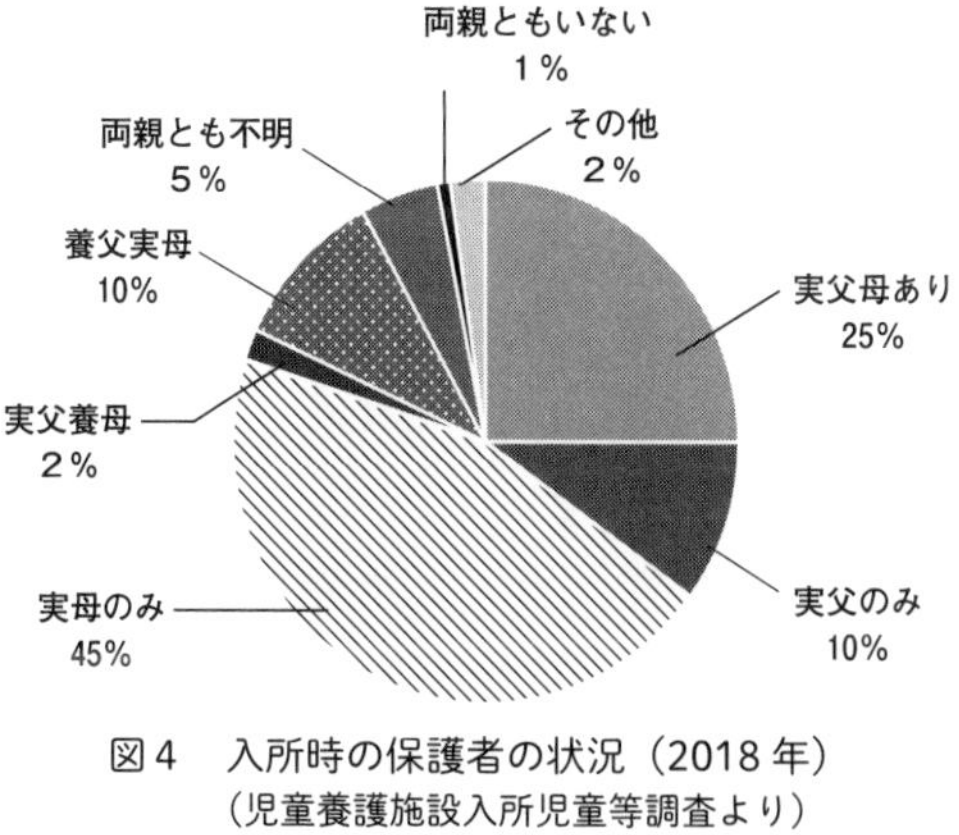

図4　入所時の保護者の状況（2018年）
（児童養護施設入所児童等調査より）

苦労の軽減、経済的な支援になります。子どもたちにとってかけがえのない存在である保護者のそれまでの努力をねぎらい、共に子どもを育てていくパートナーとして尊重し協働していくことが基本姿勢になります。

家族との交流

家族交流の基本方針は、児童相談所と協議しながら、子どもも家族もお互いが安心できる距離を考え、交流の手段や頻度を検討します。電話やメールや手紙などを含めると、何らかの形で家族との交流がある子どもたちが約八〇％を占めています。

家族との交流をしながら施設での生活を継続する場合もあれば、家族への支援をしながら面会や一時帰宅などを行い、入所に至る要因が改善されれば施設を退所し、再び家族と生活する場合もあります。「家族が一緒に暮らすこと」だけが家族再統合ではなく、個々の家族にとっての最良のかたちを探っていくことになります。

10 謝罪と赦し

恩田陸の『光の帝国』は、大人たちと特殊な力をもつ子どもたちが、共同体で暮らす姿を描いている。母子心中から生きのびた少年は、ある少女が可愛がっていた子犬を殺し、死んだ子犬を三日三晩見ていれば生き返ると少女を唆す。その言葉を真に受けて、憔悴しながらも子犬の傍から離れようとしない少女の姿に少年は思わず目を逸らす。ひとりの教師が、「なんで顔をそむける。自分のしたことをよおく見ればいいじゃないか。楽しいかね?」「確かに世の中はくだらない人間がいっぱいいて、そういう人間におまえがたくさん嫌な目にあわされてきたのは認めよう。でも、だからと言って、おまえがくだらない人間になっていいって法がどこにある? そんなことは他でもないおまえが誰よりもよく分かってるはずだろうが」と喝破する。そして、少年に対して少女へ謝るよう促し、子犬を弔う。

神ならぬ不完全な人として生きる限り、私たちは誰でも過ちや失敗を犯す。けれども、犯した罪が赦されることによって、もう一度やりなおす機会が与えられる。謝罪という行いには、自分の非を素直に認めその事実を相手に伝えることが、そして謝られた側には自分を傷つけた相手を赦すことが要求される。どちらも、それほど簡単なことではない。

日本人はすぐに謝罪をする民族らしいが、施設で暮らす多くの子どもたちは謝ることが苦手である。彼らは他者から赦されている——認められている、受け入れられている——という感覚に乏しい。赦されていないと感じている者は、非難を怖れ、赦しを得ることに臆病になる。「やっちまった……」という感覚はあるのだろうが、謝るどころか、自分は悪くないと居直ったり、故意に人の嫌がることを繰り返したり、相手の怒りを買うべく挑発したりすることもある。自分は絶対に謝らないが、他者のミスには猛然と「謝れ！」と食ってかかることもある。相当にひどい言動の直後、何事もなかったかのように話しかけてくる子どももいる。この場合、当然のことながら、かかわっていた大人の側はまったく赦す気になれず、モヤモヤとすることになる。そんな謝罪をめぐる光景がいくつも頭に浮かぶけれども、内海新祐の『児童養護施設の心理臨床』に登場する〝「俺のせいじゃない」三景〟に倣って、ここでは三つほど例を挙げたい。

例①：秘密基地を作ろうと隣の家の柵に少し手を加えた小学生たちが注意を受けた。どちらかというと優しい声かけのようだったが、彼らは「うるせえバーカ！」「黙れババア」などと反発して騒ぎが大きくなり、最後には施設長が謝罪に出向く事態になった。

例②：子どもが万引きをして捕まったという報告を受けて、警察に駆けつけた。真っ先に目に入ってきたのは、頑なに謝ろうとしない少女に、婦人警官がものすごく厳しく説教をしている姿だった。

例③：暴れたことを謝りたいと中学生から相談があった。話を聞いた担当職員が謝罪の場を設けた。集まった職員数名の前で、開口一番に子どもが口にしたのは、「別に謝ることなんかねーし！」の一言だった。職員はみなすぐに席を立ち、その場は解散になった。

過失を認めないことで、かえって事態が複雑になるのにもかかわらず、謝ることへの抵抗感がどうしてこれほど強いのだろうか。腹が立つこともあるし、笑ってしまうこともあるし、不思議に感じることもあるけれど、目を閉じ耳を塞ぎ「自分は悪くない！　何も間違っていない！」と全身で主張しなければ自分を保てない彼らの姿を見るとき、私はやはり苦しく、切なくなるのである。考えてみれば、彼らはこれまでの人生のなかで、明らかに間違ったことをされてきたにもかかわらず、謝られる経験をしてこなかった。人として、間違いを認められる人間に育ってほしい。ただ、自分の存在を赦されず、謝られてこなかった子どもたちに、謝罪を強要するだけでは不十分であろう。だからこそ、そういった子どもたちに対して、誰かが謝り赦すことや、私たちが一緒に謝ることがときに意味を持つ。

施設職員になってから、子どもたちと共に、彼らの友人の家だったり、コンビニだったり、スーパーだったりと、実にさまざまな場に謝罪に出向いた。「二度とその顔を見せないでほしい。できればこの地域から出ていってほしい」とはっきり言われるときもあれば、あっさり許されることもあった。（こういう言い方が適切なのかはわからないけれど）無知や偏見に基づいた説教を受けることもあった一方で、謝罪に出向いた私たちのほうが励まされ慰められることさえあった。世間の厳しさとあたたかさの一端に、子どもたちと一緒にふれていたのだと思う。

友人に暴力を振るって傷つけた中学生と一緒に、相手の家に謝罪に行ったときのことである。相手の家族は、地域の野球チームに所属していた彼を、昔からよく知っていた。それだけに彼は気まずそうにしており、「本当に行かなきゃだめなの？」「俺の代わりに行ってきてくれない？」と渋っていた。「誰もあなたの代わりにはなれないよ。一緒に行くし一緒に謝るけど、自分のしたことは自分で謝らないと」と彼を説き伏せ、友人宅まで連れていった。

怒られるだろうという彼の予想に反して、謝罪をした彼に、友人の母は涙を浮かべながら、「○○君が小学三年生のときから、野球を頑張る姿を見てきた。もうこんなことをしないでほしい……」と真っすぐに諭してくれた。帰りの車内で「行ってよかったね」と話すと、彼は「俺のために泣いてくれる人がいるなんて、びっくりした」と答えた。予期しなかった言葉に思わず彼のほうを見ると、驚きだけではなく、後悔や申し訳なさ、安堵や感謝が入り混じった、何とも言えない深みのある表情をしていた。行為の結果をきちんと受けとめようとしている姿を見て、過ちを赦し包みこんでくれる人に彼が出会えた幸運に感謝した。

ある中学生に、急な用事が入り買い物の約束が延期になったことをあらためて謝った。彼は「ああ、別にいいよ」と、そんなことは気にも留めてなかった、というふうに答えた。自分の要求をストレートにぶつけてくる子どもが多いなかで、彼は自分の希望を後回しにし、大人に気を遣う〝いい子〟だった。そんな振る舞いをさせてしまっていることを申し訳なく思った。私たちは彼らに〝子どもらしく〟あってほしいと思いながらも、忙しい毎日に追われて、手がかからないことを歓迎しがちである。「謝る」と一言で言っても、形ばかりの謝罪もあれば、こころからの謝罪もある。我慢や遠慮をさせてしまっていることをきちんと謝りたい、と感じた。「大人だって悪いことをしたり、間違えることはあるでしょ。今日、約束したことを守れなかったのは俺のほう。そういうときにあなたは文句を言っていいし、俺はちゃんと謝らないといけないと思う。本当にごめんね」と頭を下げると、彼はしばらく考えこむ様子を見せた。

会話を続けるなかで、彼は不意に「俺のお母さんも間違ってたのかなあ」と言い、「ここに来て、みんなが〝あなたは悪くない〟って言うんだ。だけど俺は自分が悪いんだって、ずっと思ってた。でも、それってやっぱり違うのかもって。さっき、しんやに謝られて、そう思った」と続けた。彼は家庭で暮らしていた頃から、関係機関の職員に対して母をかばう発言をしていた。大切な人を憎むのではなく、守り赦そうとしていた彼に敬意を抱きつつも、行動と存在は別のものであると伝えたかった。「そうだね、お母さんにもいろいろな事情があったと思うけど、それでもあなたにしたことは間違っていたと思う。でも、お母さんの行為を否定することは、お母さんそのものを否定することではないものね」と言うと、彼はほっとしたように笑顔を見せた。

大人も子どもも未熟であり、互いに間違いを繰り返す。そんな施設の日常は、過ちと修復に溢れている。そのなかで、子どもたちの抱える深い傷つきや憎しみが、誰かの優しさや気遣いにふれ、癒され和らげられることがある。生活のなかで小さな謝罪や赦しを積み重ねていくことが、やがて彼らの存在の保障につながっていくのだと思う。私は子どもたちに、「過ちを犯すことがあったとしても、あなたは大切な存在だよ」と伝えていきたいのだ。

11　子どもの傷つきと職員の慄きと

この分野の古典とも呼べる著作には、アイヒホルンの『手におえない子供（Verwahrloste Jugend）』やレドルの『憎しみの子ら（Children who Hate）』など、「あまりに直接的過ぎやしないか」と突っこみたくなるようなタイトルが多い。「手におえない」と感じる周囲の主観的な感情や、「憎しみ」という強烈な負の感情を表題にもってきたのは、それだけ伝えたかったことがあるのだろうけれど。それに比べるとジェームズ・アングリンの表現はもっと柔らかく、子どもたちに優しい。彼は、施設で暮らす子どもたちが呈するさまざまな言動を「痛みに基づく行動（pain-based behavior）」、それに向きあう職員の不安を「痛みに基づく恐怖（pain-based fear）」と呼んでいる。これらの言葉が示すように、子どもたちの抱える痛みは、彼ら自身を傷つけ損なうだけではなく、ときに周囲にも伝播し連鎖していく。

実に些細なことで、怒りを爆発させる子どもたちがいる。さっきまで笑顔で会話をしていた相手が、次の瞬間には表情を一変させる。「起こしてって言った時間に起こしてくれなかった！」（実際には、朝六時に起こしてくれと頼まれたので何度か声をかけたがまったく起きなかった）、「あいつらが勝手にぶつかってきたんだ。俺は悪くない！」（通行人に肩が当たって不機嫌になり、「ちっ死ねよ」と聞こえよがしに呟いたことを注意した際の言い分）、「調子乗っててんじゃねえぞ！」（幼稚園児にちょっかいを出していた中学生が職員から「やめなよ」とたしなめられたことに対して）、などなど。どれもこちらから見れば、「それはちょっとひどいんじゃあ……」と一言物申したい出来事ばかりである（とても一言では済まないことも多い）。

痛みの表現は、怒りや憎しみばかりではない。女児にいつもぴったりくっつかれ髪の匂いをかがれることに嫌悪感を覚える職員もいるし、剃刀で切った傷跡を見せられ手当てを求められることがつらくなってしまう職員もいる。話しかけても無視されたり、自分が作った食事だけを残されることに耐えられなくなる者もいれば、わずかな注意に表情を曇らせ無言で睨まれることに苛立つ者もいる。

けれども、そうした言動の裏に、子どもたちはアタッチメント（愛着）やトラウマや喪失の課題に代表されるような、成育史のなかでの深刻な痛みを抱えている。こころに負った傷は、からだの傷のように目には見えない。そのため、トラウマインフォームドケア

（トラウマの理解に基づいたケア）に代表されるような、子どもたちの背景に思いを巡らせたうえでのかかわりが必要になる。子どもの痛みが「怖かった」「不安だった」と素直に吐露されれば、支援する大人も比較的寄り添いやすい。しかし、そんなふうに自分の柔らかな部分を彼らがさらけ出すことはめったにない。子どもたちの呈するさまざまな言動は、戦場で兵士が武装するように、ハリネズミが鋭い針を全身にまとうように、これまでの傷つきのなかで身につけた、彼らなりの自分を守るための試みだからだ。それは彼らにとっての必然であり、敵意を向けこそすれ、多くの場合、悪意があるわけではない（はずだ）。そう信じながら私は、「あなたにはそうしなければならない理由があったんだよね」と、こころのなかで（あるいは直接に）彼らに時折問いかける。

しかし、たとえ自分を守るためであれ、反射的に武器で反撃され、あるいは針で貫かれれば、少なからず血が流れる。自分が傷ついたことさえ、職員という立場では口にしてはいけないのだと感じる。それが積み重なるうちに、その場にいること自体が耐え難くなっていく。施設職員の仕事を指して「感情労働」という用語も使われるが、本心を偽り、「子どもは傷ついているから」と理不尽な要求を耐え忍び、ひきつった笑顔で応じることが、私たちの仕事ではないはずだ。そもそも施設の仕事には感情だけではなく頭もからだもこころも総動員することが求められるし、生活の営みとはあるいは関係性とは、お互いの期待や希望や想いを伝えあいながら、共に築き上げていくものである。

子どもたちの暴言や暴力は、かかわる大人に一様に起こるわけではない。場面によって、相手によって濃淡があり、そのことが職員の足並みを揃えるのを困難にする。子どもたちに対して寛容であろうとする職員と、ルールに厳格であろうとする職員とのあいだでチームは分裂しがちである。前者から見ると後者は子どもに冷たく無理解な存在と映るし、後者から見ると前者は子どもを甘やかし規律をあいまいにする存在と映る。それでは、前者の職員が見せる〝優しさ〟が真の意味で子どもの利益につながるのかといえば、その場しのぎの表面的な追従に過ぎないこともある。また後者の職員が見せる〝厳しさ〟が形を変えた報復や罰ということもあるから、事態はややこしくなる。

優しさも厳しさも子どもたちの成長に必要なものだけれども、本当の意味でそれらを示すのは難しい。「誰かのため」と「自分のため」はたやすく入れ替わる。明らかな人権侵害は別として、たとえ子どもの利益にならないかかわりであっても、それを「今のこの子には必要なことです!」と主張することだってできる。だから、私たちは時々進むべき道を見失い、途方にくれる。

でも、結局はどちらが正しいとか間違っているとかいう話ではなく、父性と母性のバランスや統合の問題なのだろう。子どもが各場面で見せる多面的な姿を把握し、彼らの存在を理解し尊重しようと努めながらも、人として守るべき境界は毅然と伝えるという、一見相反する姿勢が求められるのだと思う。

宮下奈都の『羊と鋼の森』のなかで、調律師を目指す主人公が、師と仰ぐ板鳥に「めざす音」を問うたとき、板鳥は「明るく静かに澄んで懐かしい文体、少しは甘えているようでありながら、きびしく深いものを湛えている文体、夢のように美しいが現実のようにたしかな文体」という原民喜の言葉を挙げる。そういう矛盾する現実をも包みこむような大人を、混沌とした感情をしっかりと抱えられるような施設を、目指さなくてはならないのだ。

以前に、尊敬する先輩職員の対応に深く感銘を受けたことがある。その職員は、中学生の子どもが他児をいじめていることに気づき、彼を注意した。咎められた子どもは、壁を蹴ったり物を投げつけたりと暴れまわり、暴言を吐いた。その後に「どうせ俺なんかいらない人間なんだ！　死ねばいいんだ！　俺のこと、親は捨てたんだ！」と号泣した。彼の嘆き悲しみが伝わってくる痛切な叫びで、私は言葉を失った。そのとき、先輩職員は「今の〇〇の境遇は、あなたのせいでないことはよくわかっている。あなたは悪くない。でも誰もそれを代わることはできない」と語りかけた。そして、「あなたなら暴力を止められると思っている、これからどう生きていくかを一緒に考えていきたい」と続けた。その子どもはしばらく暴れていたが、次第に落ち着きを取り戻し、やがて親への想いを語りはじめた。

その場に立ち会い、子どもの行動の背後にある痛みを理解しようとする姿勢と、事の是非や善悪については絶対に譲れないことには妥協しない姿勢は矛盾しないことを、私は頭ではなくからだで実感した。子どもに対して、「あなたは悪くない」と保証するだけだったら、もしくは子どもの言動を咎めることだけだったら、あるいは可能だったかもしれない。でも、被害を受けとめながらも加害を叱ることは、私にはできなかった。厳しさのなかにその職員のあたたかい人柄がにじむような、優しさのなかにまっすぐ筋が通った威厳のある姿を見るような、圧倒的な存在感だった。

子どもたちはさまざまな痛みを抱えながら、懸命に今を生きている。自分の責任で負った痛みではなくても、彼らはそれをみずからの一部として受けとめていかなくてはならない。私たちは、その傷つきの深さに慄きながらも、彼らの傷が癒え成長を遂げていく歳月を共にする。毎日は、戸惑いや衝突や忍耐や模索の繰り返しである。でも、子どもたちはいつも痛みに支配されているわけではないし、私たちだっていつも慄いているばかりではない。強烈な出来事の前にすぐにかき消されがちだけれども、穏やかな時間もあれば、楽しい時間もたくさんある。本当に目を向けて、大切に育むべきは、きっとそうした時間なのだ。

12　子どものこころに近づくために

施設職員として入職してすぐのことであった。職員室の自分の席に座り作業をしていると、ある初対面の幼児が「そこはおまえの机じゃない！　どけ！」と怒鳴った。机を間違えたのかと思い、確認してみたが、やはりそれは私の机だった。その後、私が席に座っている姿を見かけるたびに、彼女は同じ言葉を毎日繰り返した。理由もなく嫌がらせを受けているように感じた。

家族と離れて暮らす子どもたちを、社会の責任で守り育むのが施設養育の営みである。そのなかで子どもは信頼していた職員といつかは離れるときがやってくる。子どもたちの人生は出会いと別れの繰り返しである。それでも、何かしら彼らのなかに残されたもの、私たちに託されたものはあるはずだし、だからこそ、現場の職員はそのバトンを受け継いで、子どもの生に、そのときの自分のベストを尽くしてかかわっていく。当時の私は、そのことに想いが至っていなかったのだと思う。

席に座る↓「どけ！」が一週間ほど続いた後、ふと思いついて、「この席は前に誰が座ってたの？」と尋ねると、「〇〇さんだ！　だからその机は〇〇さんのだ！」と彼女は叫んだ。それは、私の前に勤務していた職員の名前であった。机の真の所有者をめぐって話をする過程で、彼女が退職した職員にひそかに思慕をよせていたこと、けれども素直にお別れを言えなかったことが、少しずつわかってきた。私は彼女の想いに気づくことができず、どこか疎ましい気持ちで接していた自分を恥じ、「この机は〇〇さんのものだけど、今は楢原さんに貸してほしい。〇〇さんの代わりにはなれないかもしれないけど、この机もあなたのことも大切にしたいと思う」とお願いすると、彼女は「それなら仕方ないな」としぶしぶ許可してくれた。後になって、退職した職員に言えなかったことを手紙に綴る作業を手伝った。

人の言動の多くには理由があり、私たちはそれを意味づけようとする。自分の安心のためであるかもしれないし、相手をわかりたいと願うからでもあろう。心理職は一応、「こころ」の専門家であるといわれており、多くの施設において、子どもの言動の背景にあるはずのこころの内側を探っていくことが期待されている。それは、ときに「心理の人ってこころが読めるんでしょ」的な、魔術的な期待に結びつくこともあるが、むろんそこまでの洞察力が求められることはほとんどないし、できるはずもない。「干からびたミミズを振り回してたんですけど、何か意味があるんですかね」などと尋ねられても、頭を抱えるばかりである（そして、ミミズを振り回していた子はたぶん何も考えていない）。できるのは、こうじゃないか、ああじゃないかと推測や支援の手立てを試みることぐらいだろう。名探偵のように、華麗に解決とはいかない。行動している当人にさえ、その理由がわからない場合だってある。それでも日常的な支援を担わないぶん、せめて彼らのこころに近づこうとする努力は怠らないようにしたい。

しかし、子どもの言動の背景にあるはずの〝こころ〟とは何を指すのだろう。こころは存在するのかという議論さえあるし、私たちが見ている世界にはさまざまな情報処理のモダリティに基づく差異があることも指摘されている。それぞれに映る世界のありようは一様ではないが、同時に、こころは他者と共有可能な共同世界でもある。私たちは自分の見たものや聞いたもの、考えたことを、伝えあい分かちあうことができる。この、相手の行動を理解し世界を共有しようとする過程で、私たちと子どもたちは少なからずお互いに影響を及ぼしあう。

それゆえ、〝こころ〟を推し量ろうとするときに、どこかに存在する唯一無二の正しい解答を求めるよりは、〝私とあなた〟という二者関係やそれを包む周囲の環境が子どもたちの〝こころ〟のあり方そのものに作用しているという視点が重要になる。

ある会議での話である。施設内のホームのひとつでは、「個人情報に関するものが多く置かれているため、子どもは職員室に入ってはいけない」というルールが定められていた。このルール自体の妥当性を問う声もあろうが、ひとまずそういうルールが設定されているなかで、片足を部屋に踏み入れて職員を呼んだ子どもがいた。この行動に対して、ある職員は「足が半分入っていた（のでルール違反をしている）」と見なした。相当に細かい話だが、厳密なルールの適用ということを考えるとそのとおりではある。小さな行動を見逃すことが、大きな乱れにつながることもある。しかし、別の職員は「彼は、これまで何も言わずに職員室のなかに入っていた。片足を残したのは彼なりに我慢したのだと思う」と述べた。普段から子どもたちの潜在可能性に注目できる職員だった。

コップに水が半分入っているのを、まだ半分残っていると思うか、もう半分しかないと思うか、というたとえ話にも似ている。職員それぞれの傾向があり、どちらも正しく、きっと一概に是非を問うことはできないのだろう。ただ、できるなら子どもにとってプラスとなる理解を、裏づけをもって周囲や本人に伝えられるようでありたい。身近な大人が自分に向けるまなざしを、どんなに小さくても、言葉にならなくても、子どもはたしかに受けとっている。共に生活するなかで「私たちが思い浮かべる子どもの姿」は、彼らの一部になっていくのだ。

さらに、わかろうとすることと同様に、わかりあえない現実を直視することも重要である。上橋菜穂子の『獣の奏者』は、少女と獣がこころを通わせるファンタジーである。物語の最後に主人公のエリンは、王獣リランの予期しない行為に「おまえの思いを知りたくて、人と獣の狭間にある深い淵の縁に立ち、竪琴の弦を一本一本はじいて音を確かめるように、おまえに語りかけてきた。おまえもまた、竪琴の弦を一本一本はじくようにして、わたしに語りかけていた。深い淵をはさみ、わからぬ互いの心を探りながら。ときにはくいちがう木霊《こだま》のように、不協和音を奏でながら。それでも、ずっと奏で合ってきた音は、こんなふうに、思いがけぬときに、思いがけぬ調べを聞かせてくれる……」と涙をにじませる。

私たちは、当然ながら子どもたちと年齢も立場も経験も違う存在である。異なった境遇にある人間同士が交流し、ときにこころを通わせることは人生の不思議さや醍醐味のひとつであるが、子どもの理解に性急になるあまりに、この当然の前提が見過ごされてはならない。そんなときに彼らは、「〝わかる、わかる〟って言われると、おまえに何がわかるんだよ、って思う」「何もわかってないくせに、〝かわいそう〟とかって言われると本当ムカつく」と言う。わかってほしいという想いの一方で、彼らはそんなに簡単に自分のことを了解したと考えてほしくないと感じているし、安易な同情や価値判断に敏感である。それは、彼らにとっての大切な矜持である。私たちは、子どもたちのつらさや苦しさを理解したいと思う。けれども、人のこころを理解するのは難しい。誰とも分かちあえないと感じている体験であれば、なおさらであろう。そして、彼らの人生やこころは彼らだけのものである。私たちの人生もまたそうであるように。すべてを分かちあうことができないからこそ、私たちは相手に近づきたいと願う。

子どもたちの多くは、不器用で誤解されやすい。他者を求めつつも、うまくかかわることが不得手である。他人や世界に対する圧倒的な不信とかすかな期待、わずかな希望と絶望を抱きながら揺れ動いている。そういう子どもに対する私たちの姿勢を、「共感」という営みの本質を、「想像力をめぐらせて、その人を一人ぼっちにしないこと」と以前に恩師がおっしゃったことがある。胸にしっくりと納まる言葉だった。

施設には多くの人が出入りするが、たとえどんなに周囲に人がいても、物質的に満たされていても、自分を理解してくれる者がいなければ、その子はきっと一人ぼっちだろう。その孤独な世界に、知と情をめぐらせて近づこうとする想いが届くならば、彼らは次の一歩を踏み出せるかもしれない。そんな誰かが、何かが、どの子どもにも必要なのだと思う。彼らのこころに近づいたという実感はなかなかもてないけれども、近づきたいと手を伸ばす日々がこれからも続いていく。

解説❹ 子どもへの理解を深める

誰かの靴を履いてみること

本書のなかにもさまざまな子どもたちが登場しますが、彼らの言動に対して、施設職員はこころを揺さぶられ、腹を立てたり、不思議に思ったり、嬉しくなったり、哀しくなったりします。ときには異質なものを感じ、彼らと同じ目線に立とうとしても、自分のそれまでの経験や価値観だけでは到底理解できないと感じることもあります。ただ、「自分と同じ」こと、自分が経験してきたことと同じであることだけが共感の条件だとしたら、私たちと子どもたちがわかりあうことができる事柄はとても限られてしまいます。自分と子どもが似通っていなければ、自分が子どもと同じことを経験しなければ、彼らと同じ立場には立てないことになってしまうからです。

ブレイディみかこの『ぼくはイエローでホワイトで、ちょっとブルー』のなかで、著者の中学生の息子は、エンパシーについて試験で問われ、英語の定型表現を用いて「自分で誰かの靴を履いてみること」と答えています。そして、著者はシンパシーとエンパシーの違いについて、前者がかわいそうな立場の人や問題を抱えた人、自分と似た意見を持つ人々に人間が自然に抱く感情であるのに対し、後者は自分と違う理念や信念を持つ人、別にかわいそうだと思えない立場の人々が考えていることを想像する知的作業であることを述べています。

あたりまえのようですが、私たちと子どもたちはそもそもが、違う靴を履いています。違う服を着て、違う家庭で生まれ、違う経験をしています。自分とは違う他者とわかりあうためには、自然に生じる情緒的な感情だけでは不十分で、相手の背景や言動の必然性を想像するという知的な営みが求められるのです。

理論や知識を学ぶ意義

私たちは子どもたちの靴を履くべく、児童相談所から送られてきた児童票などに一生懸命に目を通したりしながら、これまでに彼らの人生に起こってきた出来事に思いを馳せることになります。子どもたちが育ってきた歴史を知ることで、私たちは少しだけ彼らに近づくことができます。

さらに、客観的な視点から想像をめぐらせる手助けになるのが、私たちが学ぶ理論や知識です。子どもたちの背景を想像するにあたっては、幅広い知見が必要になります。理論や知識を得ることは、これまでに見えなかったものを見ることができる特殊なメガネや、車で目的地に向かうときのナビゲーション、物事を眺める際の立ち位置を変えること、などにたとえられます。特殊なメガネがなくても子どもたちとかかわることは可能ですし、ナビがなくても目的地に着くことはできます。ただ、そうした助けを借りることで、目的を果たすのは容易になるでしょう。また、すぐ近くで眺める建物と山の上から眺める風景とでは、目に映る姿は異なるでしょう。理論や知識はこのように、目の前の子どもたちの様子を学んだ内容と照合しながら、客観的な視点から無理なく支援を進めていく指針になります。

J・ストローは『Practical Social Pedagogy（実践的ソーシャルペダゴジー）』のなかで、下の図を示しています（図5）。専門家としての理論や方法を学んでいない人は、価値観から行動までが直線的につながっていて、自分がよいと考える基準に基づいて、トレーニングされていない方法で行動します。優れた実践になるかもしれませんが、運や偶然にも左右されます。それに対し、理論や方法を学んだ専門家は、自分の価値観を学んだ内容に照らしあわせて行動します。そのため、自分の実践について根拠を示し、専門家としての説明責任を果たすことができます。

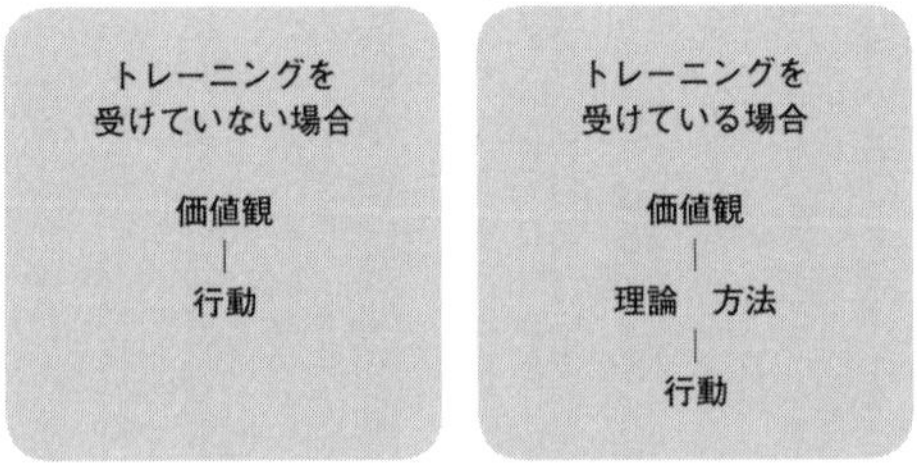

図5　価値観・行動・理論の関係（Storø，2013）

施設職員が学ばなければならない内容は幅広く、「これで学びきった！」というゴールはありません。理論が違えば、眺める視点も見える風景も変わってきます。正解はなく、それぞれの立ち位置によって起きている出来事の解釈や支援の方針も変わってきます。ただし、理論や方法にとらわれるあまりに、目の前の現実を歪めて捉えたり、理論や知識を振りかざして子どもやほかの職員とのあいだに上下関係を生む危険性にも留意する必要があります。

共に時間を積み重ねる

さまざまな知見を学び、子どものそれまでの成育歴を知ろうと努め、それでも日々の生活のなかでは、わかりあえないと感じることばかりです。どう接したらいいのだろうと迷ってしまうこともあるでしょう。そうしたときに、私たちにせめてできることは、同じ場所で過ごし、一緒の時間を積み重ねることです。すべてを分かちあうことはできなくても、すれ違ったりしても、子どもたちとスポーツをしたり、好きな音楽を一緒に聞いたり、同じものを食べたりすることはできます。そうこうするうちに、学んできたことと目の前の子どもの振る舞いがつながる瞬間があるかもしれませんし、彼らの言動にふれながら新たな学びを深めたいと考えるかもしれません。

児童養護施設の支援あるいはアセスメントとは、子どもたちと暮らしを共にしながら、それぞれの子どもがそれまでの生活で何を感じ考えてきたのか、何を喜ぶのか、何に怒るのか、何を怖がるのかといった、子ども自身に映っている世界のありようを想像し、彼らに近づこうとする努力を積み重ねていく過程です。違う育ちをしてきた違う人間である私たちと子どもたちが同じ経験をしながら、私たちは子どもたちを知り、子どもたちもまた私たちを知っていくのです。

III

児童養護施設の現在と未来

13　遊ぶこと、楽しむこと

大学院生の頃、夏休みに児童館でアルバイトをしたことがあった。子どもたちと、朝から夕方までたくさん遊び、少しだけ夏休みの宿題を教えた。初めて経験することも多く、そのひとつが卓球だった（それまで、私は卓球のラケットが二種類あることも知らなかった）。見よう見まねで慣れないラケットを持ったものの、何だかよくわからない回転をする小さなボールを打ち返すのは、難しかった。小学生に負け続ける私を見かねたのだろう。定期的に児童館を訪れる卓球のコーチが、子どもが帰った後に、「あんた時間あるの？　ちょっと、鍛えてあげるよ」と、卓球の手ほどきをしてくれた。家でも毎日素振りをするようにと、余ったラケットを貸してくれた。元気なコーチで、教え方はとてもうまく（真面目に素振りをした甲斐もあり）、数回の特訓で子どもたちと互角以上に戦えるようになった。技術が向上する喜びや卓球という競技の楽しさを実感できる時間だった。ここにいる子どもたちも、こうやってみんな上手になったのだ、と思った。

施設に入職後も、子どもの頃を思い出して懐かしく行う遊び、初めて知る遊びがたくさんあった。地域によって名称（キックベースとフットベース、大富豪と大貧民、缶けりとポコペンなど）やルール（たとえば大富豪では、スペ3、5スキップ、8切り、10捨て、11バック、激縛り等々、やるたびに増殖していて覚えきれない）が微妙に違うのも面白かった。二〇〇年以上前にルソーが『エミール』で、「子どもを愛するがいい。子どもの遊びを、楽しみを、その好ましい本能を、好意をもって見まもるのだ」と述べているように、子どもの世界は遊びに溢れている。そして、彼らは遊びからさまざまなことを学んでいく。

入職したばかりの頃、土日の午後は子どもたちとサッカーばかりやっていた。施設のすぐ隣に、あまり使用されていない高校のハンドボールコートがあり、みなでサッカーをするには手ごろな広さだった。断りきれずに参加する子どももいただろうが、試合になるとみな真剣だった。私自身は小学校の休み時間ぐらいしかサッカー経験はなかったが（二〇分休みになると、よく二組vs三組で戦っていた）、毎日やっているとそれなりに上達する。そして、自分以上に上達の早い子どもたちの姿を見るのは嬉しいことだった。

彼らの希望に後押しされ、近隣のいくつかの施設でサッカー大会を開くことになった。職員一名はチームに混じってよい、というルールで、私も子どもたちと一緒にメンバーとして参加した。「監督」のような立ち位置ではなく、子どもと同じ立場だったのがよかった。みなでポジションや戦術（らしきもの）を一生懸命に考えた。当然ながら、毎日のようにサッカーをしていた私たちの施設は最初の大会に優勝し、その後の会話で何度も話題にのぼった。

「世間一般が思い描く〝専門職〟のイメージとは裏腹に、施設で一定期間働いた者が最も印象深く輝かしい瞬間として思い返すのは、あらたまったカウンセリングの面接中ではなく、何らかのアクティビティのときが多いのではないだろうか」という一文が、マーク・スミスらの『ソーシャルペダゴジーから考える施設養育の新たな挑戦』にある。たしかにあれはとても印象的な瞬間だった。施設間の交流には、「なぜ施設にいるだけで、やりたくもない競技に参加させられなくてはならないのか」という当事者の声や、「スポーツがやりたければ、地域のチームに入るのがノーマライゼーションだ」といったもっともな意見もある。したがって、施設内の集団活動では、上下関係や暴力性を排するとともに、地域への参入を図っていかなくてはならないが、少なくともあのときはみな、大きな達成感に包まれていた。

ほかにも印象的な遊びは多いが、デュエル・マスターズやポケモンカードといったカードゲームも、入職後に子どもに教えてもらったものである。数十枚のトランプみたいなカードをひとつのセットに組みあわせて、さまざまな能力のカードを駆使して勝敗を争うものだ。最初は子どもたちがいらなくなった弱く古いカードをもらって遊んでいたが、たいていの場合、戦術や戦略よりも、強く新しいカードがものを言う。いい大人が子ども向けのカードを買うのはためらいがあったが（クリスマスに合わせて新しいカードが発売されたり、当初から玩具の販売を視野にキャラクターが作られたりと、〝子ども向け〟のジャンルに大人の商業主義が反映されていることを知る今ではなおさら）、あまりに負け続けるため、あるとき自分で購入することにした。

トレーディングカードは年齢の異なる子ども間で価値の釣りあわない交換がなされたり、盗難があったり、わずかな小遣いを無為につぎこむ子どもがいたりと、把握や管理に膨大な手間がかかるため、施設内ではあまり歓迎されないことが多い（子どもの所持するすべてのカードをコピーしている施設さえあったが、きちんと把握できていたのかは怪しい）。それでも、負けた子がちゃんと対策を練ってきたり、対戦するたびにデッキが全部変わっていたり、その子なりにこだわりがあったり、ゲームを通して足し算や引き算を覚える子がいたりと、それぞれの個性がみられて楽しかった。子ども間の流行に影響されやすいという面もあり、流行るときはどの子どもも同種のカードを持っているが、何かをきっかけに一気に廃れ、また新たな遊びが流行っていく。

施設職員にとって、子どもと楽しく遊んだり、活動を通して何かを伝える力は重要である。「職員の役割は遊ぶことではなく〝仕事〟をすることだ」という意見もある一方で、きちんと家事をこなしながらも、子どもとゆっくり過ごす時間を設けるのは子育ての大切な要素である。施設では美味しいご飯を作る職員と、一緒に遊びを楽しむ職員は絶大な人気がある。ある職員は毎年子どもを連れてキャンプに行きサバイバル技術を伝えているし、ダンスが得意な職員は施設行事で子どもと一緒に踊りを披露する。各種のボードゲームで子どもと遊ぶ者もいれば、一緒にお菓子作りや手芸や釣りをする者、ギターやドラムを教える者など、大人の数だけかかわりのバリエーションが存在する。それは、施設養育の強みでもある。社会のなかで、多様な大人が多様な活動を子どもたちに教え楽しむことが、彼らの可能性を育てていくのだ。

福祉と教育を横断する学問であるソーシャルペダゴジーでは、さまざまなアクティビティを「コモン・サード（共通の第三項）」と呼び、子どもと大人の共通項としてお互いの関係性を媒介してくれるものである、と捉えている。二者で向きあうのはしんどいことも多いが、何かを共に行うことが子どもと大人のあいだに共通性をもたらしてくれ、喜びや楽しみを共有する体験につながる。そして、あのとき一緒に楽しさを分かちあった、共に笑いあったという経験は、子どもに理不尽な言動をぶつけられたときの怒りや失望をいくぶん緩和してくれる。子どもたちにとってもあるいは、世界を広げ、過酷な現実に立ち向かっていく支えになるかもしれない。

　こうした子どもとの共通項になるアクティビティに、心理学やソーシャルワークを学ぶ大学や大学院でふれることはほとんどなく、もともと趣味や特技だったこと以外は、実地で身につけていくほかはない。対照的に、ソーシャルペダゴジーでは子どもたちとのアクティビティを重要視している。実践的・文化的レクリエーション活動を業務に活用する方法を教え、各職員のスキルや持ち味を職場で活かせるようなアクティビティに特化したトレーニングも行われている。保育士の養成課程でピアノや本の読み聞かせといったスキルの習得を義務づけていることを考えれば、これは施設職員に必要な教育であることが理解できよう。

　多忙な業務のなかでいつも遊んではいられないが、真面目な話ばかりではお互いに息がつまっていく。「子どもと遊んでばかりいないで、仕事をしてください!」という声も聞こえる一方で、生きるつらさや厳しさを嫌というほど知っている子どもたちに、喜びや楽しみも伝えたいと願う。子どもとのアクティビティはそのための重要な手立てであり、私たちが人生の何に楽しみを見出しているのかが問われているのだと思う。

14　体験のアレンジャー（手配者）として

さまざまな課題を抱えた子どもに対して、昨今の施設の現場においては、ソーシャルワークの原則と共に心理・医療的なかかわりが重視されることが多い。たとえば、すぐにイライラしがちな中学生に関して、「施設内で実施している暴力防止プログラムに参加し……」等の目標が支援計画策定の際に挙げられた。しかし、計画書を書いた当の職員は、子どもとよく川に行き、釣り糸を垂らしながら穏やかに話をしたり、釣った魚のさばき方を教えたりしていた。子どももそうした活動を楽しみにしており、「将来は漁師になるのもいいな」と漏らすこともあった。ふたりのゆったりとした時間は、ほかのどんなアプローチよりも、彼にとって意味があるように思えた。支援計画を話しあう会議のなかで、「もっと釣りのこととか書けばいいのに」と発言したところ、担当職員は「え、そういうことも書いていいんですか」と戸惑っていた。

施設職員は日々の生活を通して、何が子どもたちにとって大切な体験となるのかを考え、それが現実になるよう実行に移している。外向けの〝整った〟文書には、そうした日々の生き生きとした実践の意義は示しにくい。けれども、毎日の暮らしのなかには、森羅万象のなかには、子どもたちの成長や回復を促すさまざまな要素や可能性が散りばめられている。当然のことだけれども、狭義の「専門的支援」の範疇を外れていても、人生に楽しみを見出したり救われた気持ちになることはたくさんあるし、そうした機会の創出こそが施設職員の専門性ともいえる。私たちは言葉のやりとりだけに頼るのではなく、共に過ごす時間や活動を通して何かを伝えることができる。

北米発祥のチャイルド・アンド・ユースケアには、「施設職員は子どもたちにとって意味のある、さまざまな体験をアレンジする者（experience arranger）なのだ」という考えがある。この世界には、ちょっとした喜びや楽しみ、ほんの少しの発見や進歩、さまざまな遊びや学び、生涯の趣味や特技になりうる活動、こころを揺さぶられる感動や、人生を変えるほどの出会いがある。それぞれの子どもに応じて、彼らがそれを必要とするまさにそのときに、意味ある体験を共有したり届けたりすること。それこそが、施設職員の役割である、という捉え方である。アレンジという言葉には、手配、調整、整理、編曲などの訳語がある。既製品を買い与えるというよりは、個々の子どもの発達や個性に合わせたオーダーメイドの体験を手渡すという意味合いがあるのだろう。

施設で行われる行事などは、その一例である。職員たちは、子どもたちと一緒に何か楽しみたい、これまでにないことを経験してほしいと願い、さまざまな行事を企画する。そうした体験をすることで、「またやりたい！」「今度は〇〇に行きたい！」と思うようなことがひとつでも増えればいいと思う。

私が最初に勤めた施設では、「海の家」「山の家」と呼ばれる行事を、子どもたちはみな楽しみにしていた。夏には離島にフェリーで遊びに行き、年末年始は山のふもとの廃校で旧年を送り新年を迎えていた。いつもと違う場所に行くと、子どもたちもまた違う顔を見せてくれる。海の家では、沖筏の上で遊ぶことだったり、砂遊びだったり、肝試しだったり、クラゲやヤドカリを捕まえることだったり、かき氷やタコ飯を食べることだったりと、子どもそれぞれの楽しみがあった。山の家でも、年越しそばを食べたり餅つきをしたりして過ごしたが、子どもたちの一番の話題は、酒を飲んだ「どんちゃん」（という愛称の職員）がいつ暴走するかという点だった。暴走、というのはおそらく当時流行っていたアニメがもとになっているのだろうが、子どもたちの共通語になっており、酔った（ふりをした）職員が逃げる子どもを追いかけるという、なまはげ的なお約束のイベントである。子どもたちは、海の家や山の家が近づいてくると、「筏で落としあいするんだって！」「どんちゃんが暴走するんだって！」などと、ワクワクする気持ちを話していた。

子どもたちにこれまでにない経験をしてほしいと、平和教育のために他県に出かける施設もあれば、琵琶湖を自転車で一周する施設もある。各種のスポーツ、コンサート、演劇、映画、遊園地などへの無料招待といった、ありがたい誘いも施設にはよく届く。子どもが主体的に希望したイベントばかりではないが、多くの子どもは満足した顔で帰ってくる。大好きなアーティストのコンサートに偶然参加できた小学生は、大興奮でその様子を報告していたし、夜間のハイキングで長距離を歩きとおした中学生は、充実した時間を過ごしたことを語ってくれた。

だからといって、お金をかけたり、新規な場所に出かけることだけが、体験のすべてではない。清水眞砂子は『幸福に驚く力』のなかで、次のような話を紹介している。学生たちに子ども時代の一番幸福な思い出を聞いたところ、そのほとんどは、どこかに連れていってもらったことか、何かを買ってもらったことだった。そのため、「何かを買ってもらったこととどこかに連れていってもらったことは除いて、子ども時代の一番幸福な思い出は」と聞いたところ、母親が靴下を履かせてくれた後で、履きおわった足をくるっと撫でてくれたとか、自転車に乗る練習をしていたときに、お父さんが後ろでまだ押してくれていると思っていたら手が離れていたけれど、お父さんの顔が自分とずうっとつながっていて見守ってくれるように感じたとか、ささやかで地味だけれども、素敵なことがたくさん出てきたという。そして、「そういう日常のささいなことが実は私たちを支えてくれている」と述べている。

結局のところ、特別なハレの日だけではなく、日常的なケの日を豊かなものにしていくことを私たちは考えなくてはならないのだ。面白いことに、子どもにとって印象に残る体験とは、必ずしもこちらの意図と一致するわけではないし、予想外のところでしっかりと届いていることもあった。

幼児の頃に心理室で過ごした子どもと、終結して数年後、「昔、一緒に遊んだり話したりしてたよね」という話になった。「どんなことを覚えてる?」と尋ねたところ、「面接が終わった後に、部屋まで走って競争したこと!」と即座に答えが返ってきた。すっかり忘れていたが、その子と私は、心理室を出た後、どちらが先に居室に着くか、毎回廊下を走って競争していた。私としては、ふたりで家族の話をしたり、その子の得意なレゴで「自分のお家」を作ったりと、そのときに必要と思われたことをそれなりに意識しながらかかわっていたつもりだったので、「そこ?」と少し肩を落とした。でも同時に、彼と一緒に廊下を走っていたときのことを鮮明に思い出した。たしかに、あれはすごく楽しかったな、と。ズルをしたり相手を妨害したりと、どんな手を使っても勝つ、というのが暗黙のルールだった。そういうささいなことが、楽しい思い出として彼のこころに残っていることを嬉しく思った。

ある高校生は、尊敬する人に職員の名前を挙げていた。その理由のひとつとして、「いつも手を抜かないでしっかりと掃除をしているから。幼児の頃からずっと」と説明してくれた。その職員はどんなに忙しくても子どもたちが暮らす生活空間を綺麗に保つことを密かな矜持としていた。実際にその子から「どうしてそんなところ掃除してるの？　誰もそんなところまで掃除しないよ」と尋ねられたことはあったものの、それが子どもにそうした形で伝わっているとは考えてもいなかったという。けれど、手間を惜しまず掃除をしている職員の姿を、子どもは敬意を払うべきものとして受けとっていたのだ（蛇足だが、多くの施設職員は掃除や洗濯の仕方にそれぞれこだわりをもっており、話しだすと止まらないほどである）。

長い時間をかけて浸透する感覚は、自分自身で掴みとった実感は、子どもを支える力になる。個々の子どもに即した体験の提供は、鍵と鍵穴が合致するようには簡単にいかないけれども、彼らと暮らす毎日が意味あるものとして積み重なるよう、小さくても新たな出会いが子どもの目を開かせてくれるよう、私たちはアレンジャーとしてのチャレンジを続ける。

15　人として、専門家として子どもに出会う

ある小学生は、大好きな職員のことを何でも知りたがった。あるとき、その職員の自家用車にチャイルドシートが置かれているのに気づき、「〇〇さんは子どもがいるんでしょ？」と本人に問いかけた。しかし、その施設では「職員の個人情報は開示しない」というルールがあった。そのため、職員は「それはプライバシーだからね」と答えるにとどまった。ルールに従うことによって当の職員が守られていたのか、あるいは心苦しさを抱えていたのかはわからない。どうしても納得のできない子どもはその後、何度も執拗に同様の問いかけを繰り返した。けれど、返ってくる答えはかなしいことにいつも変わらなかった。

成田善弘は『治療関係と面接』において、「先生には医者と患者としてでなく人間と人間として接してほしい。病気の人間が本当に求めているのはそういう関係なんです」という患者の言葉を紹介し、「この問いかけにどう応じるかはおそらく生涯の課題なのであろう」と考察を結んでいる。

施設においても、子どもと職員は互いの関係をめぐって、同様の葛藤を抱えることになる。子どもたちの養育者として、アタッチメント対象として、より身近な存在であることを要求される施設職員の迷いや苦悩は、いっそう深い。職員は子どもと生活を共にし、最も近くにいる一方で、給料をもらい、仕事という役割で彼らに接する。良くも悪くも職員として求められる最小限のことを終えてすぐに帰宅しようと思う者もいれば、良くも悪くも仕事以上のかかわりをしようと熱心な者もいる。予定があって早く帰りたくても、子どもにとって重要な瞬間に立ち会えば、勤務時間後も傍に居たいと感じる（あるいは居ざるを得ない）ことだってあるし、暴言や暴力の標的になれば「顔も合わせたくない」と思うことだってある（でも仕事である以上は放棄するわけにはいかない）。

この両義性は、子どもたちに対しても、「職員はあくまで〝仕事〟として自分に接しているのだ」という現実を、さまざまな場面で突きつける。それは、職員が他児の世話をしているときかもしれないし、職員が勤務を終えて自宅に帰るときかもしれない（子どもが「行ってきます」と出ていく住まいを、職員は「お疲れさま」と後にするのだ）。そうした積み重ねが、「どうせ職員はお金のためにやっているんでしょ」「大人は〇〇しちゃいけないんでしょ」という不満や寂しさ、「（他人である職員に）迷惑はかけられない」「こころを許せない」という不信や遠慮につながることもあろう。普段は意識していなくても、距離が近づくほどに互いの悩みは深まっていく。多くの職種においては（たとえばアパレル店員や定食屋の主人が）、「どうせ仕事でやってるんでしょ」と利用者から責められることはまずない。しかし、私たちの仕事は子どもの世話をするとともに、彼らとのあいだに適切な関係を築くこと自体が目的になる。

人と人とのかかわりに、自分の感情に、はっきりと線を引くのは難しい。それでなくとも共に暮らす生活空間のなかでは、子どもと一定の距離を保ったり、ほどよいバランスを保つのが困難となり、知らず知らずのうちに職場とプライベートの境界があいまいになっていく。職業人としてできること以上の責任や重荷を引き受け（あるいは押しつけられ）、結果的につぶれていくことだって少なくない。そもそもが、子どもへの支援を仕事に選んだ時点で、何かしら自分が子ども時代に満たされなかったものを持ち越しているのかもしれない。したがって、仕事を長く続けていくためには、折にふれて自分を見つめなおすことが求められる。無理を続ければ、いつかその反動がやってくる。

「仕事として子どもたちに相対する」vs「人として子どもたちに出会う」という両義性を、ソーシャルペダゴジーでは、パーソナル（自分自身の価値観、趣味、人生経験、感情、性格など個人的な自己の側面）、プロフェッショナル（専門家にふさわしい振る舞いや言動）、プライベート（友人や家族が知る仕事外の秘すべき自分）の三つのPに区分することによって、解決を試みている。これに従えば、私たちは、どちらか一方に偏ることなく、プロフェッショナルかつパーソナルな自分として、バランスを保ちながら子どもたちにかかわる。もし子どもたちに開示しない部分があれば、それはプライベートな自分である。そう考えると、施設職員は窮屈なプロフェッショナルの領域にとらわれず、個人としての自分を活かして子どもたちにかかわっていってよいのだ。生活の場には無限の選択肢があるし、子どもたちともより開放的で親密であることが許されるはずである。

しかし、可能性の広がりは（二つを三つにすることは）混乱にもつながる。どこまでがパーソナルで、どこまでがプライベートに属すのか。ある施設では、職員が自分のお金で子どもに食事や飲み物を振る舞うことを禁じている。水くさいようだが、おごる職員とおごらない職員がいれば子どもは混乱するし、モノで子どもの気を引こうとする職員もいるかもしれない。自分に関しても、過去や家族について絶対に子どもに話そうとしない者もいれば、自分の結婚式に子どもを呼ぶ者だっている。死を目前にした施設長に、「人の死を子どもたちに教えてほしい」と、みずからの葬式に子どもを連れてくるよう命じられたこともあった。

ほかにも、施設においては、子どもが体調を崩している大人の様子を見たり、職員の趣味や特技にふれて影響を受ける機会は少ない。ただ、子どもの成長にとっては、不完全な面も含めた大人の私生活での姿や人間性の発露にふれること自体に大きな意味がある。私自身のことを思い返してみても、大好きだった伯父が幼少期の自身の体験を語ってくれたときのことは今でもよく覚えている。高校の授業で教わったことはほとんど残っていないが、世界史の教師が、あるボクシング選手の偉大さを毎回熱っぽく解説していたことは今でも記憶している。専門家としての役割や節度を保ちながら、どこまでの自分であれば人生の素材として活用が可能なのか。

以前、入所した子どもに、「自分のことはお父さんだと思いなさい」と職員が言い、子どもが反発したという話を聞いたが、施設職員は、（限りなくそうした関係性に近づくことはあっても）子どもの家族ではない。映画『セブン・イヤーズ・イン・チベット』において、登山家のハインリヒは、第二次世界大戦の最中に捕虜となり、逃亡の末にチベットにたどり着く。そして、まだ少年であったダライ・ラマに出会い、師弟のように友人のように父子のようにこころを通わせる。物語の終盤で、まだ見ぬ息子の影を自分に重ね亡命を勧めるハインリヒに対し、民のためにチベットに残ることを決めたダライ・ラマは、「私はあなたの息子ではないし、あなたを父だと思ったこともない」と毅然と告げ、帰郷を促す。

私たちは子どもたちと仕事を通して出会う。そのあたりまえの事実をこころに留め、彼らと血縁関係にある父母や親族を尊重することと、仕事であっても子どもの養育者として彼らに愛情を注ぐことは矛盾しない。そして、施設で出会った子どもたちを大切に思いながら、同時に自分自身や自分の家族をだいじにすることも矛盾しない。もちろん、限りある時間と能力のなかですべてを大切にするのは難しい。その時々で優先されるもの、譲れないものもある。課題が多い社会的養護のなかで不足しているものに目が向き、忸怩たる思いに駆られることもある。けれども、だいじなものが複数あるというのは、幸せなことである。

施設職員は、子どもの家族や友人ではない。けれど、そこには一言では片づけられないさまざまな要素が優劣なく内包されており、職員と子どもという関係がすべて、超えられない壁となるわけではない。豊かな可能性に目をつぶり、あいまいさを排除し、子どもとのあいだに明確に基準を設けるのは簡単である。しかし、パーソナルとプロフェッショナルとプライベートのバランスをとり、いかに人としてかつ専門家として子どもの前に立つかを考え実践し続けていくことこそが、この仕事の本質に、求める回答に近づく道なのだと思う。たとえ明快な答えは得られず、生涯の課題になるとしても。

解説❺ ソーシャルペダゴジーとチャイルドアンドユースケア

施設養育をはじめとする世界中の社会的養育の専門家のなかでは、ソーシャルペダゴジーやチャイルドアンドユースケア（ＣＹＣ）という考え方が共通言語のひとつになっています。

ソーシャルペダゴジーは、「社会教育」「社会における子育て」などと訳され、子ども福祉（あるいは子育て）と教育を統合した考え方です。非英語圏の大陸ヨーロッパでは、子どもたちの育ちを支える理念や実践として広く普及し、施設や里親による子育てを含めた社会的養育にも大きく貢献しています。児童養護施設職員も含めて子育てにかかわるさまざまな現場で、ソーシャルペダゴジーを学んだ「ソーシャルペダゴーグ」が活躍しています。

ＣＹＣは主に北米で発展を遂げてきた考え方で、世界の国々に広まっています。日々の生活場面のなかで、子どもやその家族のストレングスや成長へのニーズを重視し、発達促進的にかかわるアプローチです。

児童福祉施設、放課後児童クラブ、フリースクールや発達支援機関など子育てにかかわるさまざまな現場は、いずれも子どもの成長を支え、社会の一員として迎え入れるという「社会による子育て」を担っています。ソーシャルペダゴジーやＣＹＣは、これまで十分に言語化されてこなかったこうした仕事の奥深さや魅力、可能性をあらためて提示し、自分たちの仕事について共通の言葉で語りあうことを可能にしてくれます。とくに今後の児童養護施設をはじめとする社会的養育のあり方に対して、次のような点から示唆を与えてくれると考えています。①〜③は別々のものというよりは、重なりあったものです。

①養育の本質の言語化

本書でも、「三つのP」「エクスペリエンス・アレンジャー」「コモン・サード」などの概念を紹介しました。新たな概念や用語を学ぶと、それに従って新しい実践が展開されるような錯覚に陥ったり、新たな概念を現場に導入しなければいけないような重圧を感じたりすることがないでしょうか。けれども、ソーシャルペダゴジーやCYCが提唱している概念は、「これが最新の実践！」というよりは、現場のなかにある養育の本質を、シンプルな言葉で切りとって提示してくれるような種類のものです。つまり、先に存在しているのは（当然ながら）実践のほうで、用語はすでに存在していたものを言語化した（だけの）ものです。言葉が広まる前から、それをあたりまえのように実践している人は大勢いるのです。

それでは概念化や用語化に意味がないのかというと、そうではありません。西部謙司は、ハンス・オフトがサッカー日本代表監督に就任後、サッカーを構成している要素に「アイコンタクト」「トライアングル」などの名前をつけて整理したことを紹介しています。名前をつけることで、それが何を意図しているのかが明確になり、みなが共通の認識をもち、日本代表チームのプレーは飛躍的に向上したそうです。

それまで名前がなかったものに名前をつけることによって、頭のなかは整理され、大切な要素を他者と共有することができます。施設職員が意識せずに行っていた営みにあらためて光を当て、実践の意味を語りあうことによって、実践の質も向上していくことが期待されます。

②施設職員のアイデンティティの再考

カナダの研究者であるガラバーギは、ソーシャルワークや医療や臨床心理学の領域で生まれた用語を「翻訳」し、劣化版として用いている施設養育の現状に疑問を投げかけています。別の領域で生まれた言葉が「翻訳」されることによって、本来の意味が損なわれてしまうことがあります。現在の施設養育で用いられている考え方は、いくつかの領域の概念や用語を寄せ集めて構成されています。この状況は、外来語だけで自分たちの仕事の理解や説明を試みているようなものかもしれません。また、（生活現場ではなく面接中心の）ソーシャルワークや医療や心理学の専門家の地位を高め、生活にかかわる専門家の地位を低めてしまうという事態につながりかねません。

私自身もこれまで、ソーシャルワークや医療や臨床心理学の枠組みだけで（施設）養育を語ることに限界を感じていました。生活の場で子どもと暮らしを共にする施設職員には、従来の概念だけでは捉えきれない独自の専門性がたしかに存在しますが、それを形にすることに困難を感じていました。けれども、ほかの領域に倣うばかりだったり、「家庭に劣る施設」というイメージでは、自分たちの仕事に誇りをもつことは難しくなります。そんなときに初めてソーシャルペダゴジーにふれ、「これは私たちのための考え方だ」と強く感じたことを覚えています。

施設職員はみずからの専門性を明確にしてくれる、翻訳語ではない「自分たちのための」言葉を必要としています。「生活場面（life space）」「日常のなかの専門性（everyday experts）」などの用語で何気ない日々の多様な可能性に目を向け、生活そのものを子どもたちの貴重な学びと成長の場と捉え、大人が子どもたちに対して意識的に多くの機会を用意しようとするソーシャルペダゴジーやCYCは、そうした要請に応えてくれるものです。

③哲学的・倫理的姿勢への言及

ソーシャルペダゴジーやCYCは関係性を重要視し、理論や技法を学ぶ以前にまず人としてのあり方、子ども・若者にかかわる人のあり方を大切にしています。〝哲学する力〟は、ヨーロッパにおいて文系・理系にかかわらず身につけておくべき教養の基礎、複雑な問題やあいまいな現実に応える力として重視されるものです。フランス革命後に孤児院や小学校で教育に従事したペスタロッチの業績は、ソーシャルペダゴジーの源流を成していますが、彼は『隠者の夕暮』の冒頭において「玉座の上にあっても木の葉の屋根の蔭に住まっても同じ人間、その本質からみた人間、一体彼は何であるか」と問うています。

こうした哲学や倫理を基盤に据えた人間に対する深い思索は、この仕事においてまず考えるべき要素です。仮に正解がひとつであれば、正しい答えや問題の解き方を学ぶことで事足りる場合が多いでしょう。しかし、子どもを教え育む過程で求められる答えはひとつではありません。「なぜ自分は施設に来ることになったのか」「なぜ学校へ行くのか」「自分はどう生きるべきか」といった問題に、サイエンスは答えてくれません。目的地に着くことを助けてくれるけれども、必ずしも目的地そのものを設定してくれるわけではない、と言い換えることもできるでしょう。だからこそ、私たちはいつも悩み迷うことになります。

このように、生きるうえで大切なことを共に考えなくてはならないとき、子どもたちと一緒に複雑な現実や過酷な背景に向きあおうとするときに、哲学や倫理は直接の回答を与えてくれるわけではありませんが、考えるヒントや拠り所を与えてくれるのです。ソーシャルペダゴジーがサイエンスであり、アートであり、プラクティスであるとされるゆえんです。

16　施設内虐待という現実

施設で暮らすある女の子は、同じ施設で暮らす複数の年長女児に突然呼び出された。理不尽な言いがかりをつけられ、平手打ちをされた。

彼女がいじめられているところに、同じ施設の年長男児が偶然通りかかった。彼は女児らを追い払い、彼女を慰めた。まだ泣き顔とわかる彼女を、彼は人目のつかないところへ誘った。助けてもらった安堵感から、彼女は何の疑いもなく従った。しかし、ふたりきりになると彼の態度は豹変し、彼女に暴力を振るった。最初から計画された出来事だった。彼女をいじめた女児も、そうするよう彼に脅されていた。

長いあいだ、彼女はその事実を誰にも打ち明けることができなかった。男児が施設を出てから、初めて職員はそれを知ることになる。

もうずっと昔の話だけれども、暴力を受けた当人にとっては、それは今でも〝過去〟と呼べないのかもしれない。ここ二〇年ほどのあいだに状況はずいぶん改善した、ということを前置きしたうえで話を続けたい。

十数年前に、それまで深く知ることのなかった施設という現場に入ってから、思いもよらないような出来事ばかりだった。そのなかで最もショックを受けたことを挙げるとすれば、暴力にさらされてきた子どもたちが、施設のなかでも再度の被害に遭い、今度は加害者になっていく現実であった。傷ついてきた彼らがどうして再び傷つかなくてはならないのだろうか、と割り切れなさを覚える一方で、子どもたちを守れないという点では、自分も同罪であるように感じられた。各種の対応マニュアルに記載されているような「ここは安全な場所だ」という言葉をこころから伝えることができない無力感、暴力の加害者もまた同時に被害者であるというやるせなさ、ある子どもの安全を願うことが別の子どもの排除につながっているように感じられる葛藤……。自分のふがいなさを痛感する一方で、そこから逃れられない子どもたちは、私たちと比較にならないほど、ずっと、ずっと傷ついていた。

みなが安心して暮らせるように一緒に考えようと誘いかけても、「変わるわけがない、だって〝学園〟だもん……」とすべてを諦めたような答えが返ってきたことがある。「ふざけんなよ！　おまえら大人のことなんか絶対に信じねえ！」と罵声が飛んでくることもあった。その子たちのなかでは、施設は自分が育ちなおる場ではなく、誇りを奪われ、不当な暴力に耐え、そこから出る日を待ち望むような、そんな場所にすぎなかった。

学校でいじめがいつの時代も大きな課題となっているように、施設には施設内虐待という問題が根深く存在している。それまでの成育歴から、暴力や発達の課題を抱えた子どもたちは、ときに傷つけあう。そして、閉鎖空間での暴力には逃げ場がなく、暴力は連鎖していく。こうした問題の一端は、六歳児が子ども集団から暴行を受けて命を落とした事件を取りあげた『和子六才いじめで死んだ』、生後から施設で育ち暴力を受け続け、退所後に殺人事件を起こした少年について取材した『荒廃のカルテ』、施設内虐待の実態と問題解決に向けた経緯が述べられた『養護施設の児童虐待』、施設内での過酷な日々と再生を描いた自伝『自分が自分であるために』などから窺い知ることができる。いずれも読み通すのがつらい内容ばかりであるが、社会から関心を寄せられず、ケアを担うべき大人の目が行き届かない状況で、支配や暴力と隣りあわせの生活を強いられてきた子どもたちの現実から目を背けてはいけないのだと思う。

施設内虐待は非常にセンセーショナルな問題であり、一面的な捉え方をされれば、施設で暮らす子どもたちや施設自体への偏見や誤解につながりかねない。また被害者も社会に向けて声を上げることが難しかった。そのため、被措置児童等虐待に関する規定など解決に向けた取り組みや、職員の配置基準の改善、施設環境の見直しなどが徐々に行われ、子どもたちの生活は改善・向上してきたものの、根本的な解決を目指して議論されることは少なかった。これまでに行われた議論も一部にとどまったり、対応方法をめぐって感情的な対立が生じたり、施設内虐待の〝根絶〟（いじめや虐待がゼロにはならないように、完全になくすのは不本意ながら難しいだろう）や施設全廃といった極端な結論が導かれるなど、建設的な方向には進まなかった。

また、施設内虐待対策のひとつとして挙がっているのは、小規模化である。むろん、子どもの暮らす環境として、大規模施設よりは小さな生活単位のほうが望ましい。しかし、理想的な養育として家庭を位置づけ、そこに近づけようとするだけでは、解決の方法としては不十分であろう。互いの距離感が密接な家庭という場で虐待が生じているように、養育者と子どもの距離が近くなればなるほど、多くの課題を抱えた子どもと、養育にあたる職員との関係性はこじれやすくなる。実際に里親委託率の高い国々で起こっているフォスターケア・ドリフト（漂流）はこれを裏づけており、子どもと養育者を抱える環境なくして小規模化の実現は難しい。

諸外国に目を転じると、多くの国々で脱施設化が進められた要因のひとつに施設内虐待の問題が挙げられている。ドイツでは、一九五〇～六〇年代の施設内暴力に関する当事者へのインタビュー記事が注目を浴び、真相究明に向けた取り組みと被害者への金銭的補償が行われている。イギリスでは、一九九〇年代に一連の施設内虐待のスキャンダルに光が当たり、報告書が提出され、脱施設化の方向に進む一因となっている。さらに、一〇万人以上の子どもがオーストラリアなどに強制的に送られ、過酷な労働に従事させられたり施設内虐待を受けたりした児童移民の問題について、イギリス・オーストラリア両政府が公式に謝罪している。当時のオーストラリア首相は、児童移民について「承諾もなしに子どものときにこの島に送られた人々、家族から引き離された子どもであり、幾度も施設で虐待された子どもである〝忘れられたオーストラリア人〟に謝罪を伝えたい」「真実は、これが醜い歴史であったということである。私たちがこの過去の悪魔に全面的に立ち向かおうとするならば、私たちはその醜さを公平に語らねばならない」と述べている。

事実をありのままに語るのは簡単なようで、ときに困難を伴う。子どもをケアする場で暴力が存在するという現実は、本来〝あってはならないこと〟であり、わが国ではこうした施設内虐待の全貌を把握する試みは行われてこなかった。しかし、〝あってはならない〟ことと、その現実に目を伏せることとはまったく異なっている。まずは、施設内には根深い暴力が存在し多くの子どもが被害に遭ってきたこと、閉鎖空間においては誰もが暴力の被害者・加害者になりうるのだという現実を認め、多くの被害者に然るべき立場の人間が謝罪をすること。そのうえで、怒りや諦めに支配されるのではなく、解決の方法を探ろうとする持続的で理性的な意志の力が求められている。わが国でも二〇一七年に三重県で起こった施設内虐待事件が注目されたことを契機に、厚労省が実態調査に乗りだしている。今後、実態の解明と改善に向けた取り組みが進んでいくことが期待される。

以前ある施設長が、暴力の対義語として「品格」を挙げ、他者を尊重するこころや礼儀を尽くした振る舞いを教えるために、人間形成の一環として茶道を取り入れていることを教えてくれた。人は育てられたように育つ。アメリカでは「品格教育（character education）」も行われているが、私たちは暴言や暴力に訴える子どもたちに対して、単に〝暴力を振るわないこと〟を言い聞かせるのではなく、人として備えるべき品位や礼儀を伝え、深い思いやりを実感できるような生活を営まなくてはならない。

施設の生活を通して語られるのは、希望に満ちた物語だけではない。けれども、そこにあるのは決して絶望だけでもない。子どもたちが身を置き続けなくてはならない場で、彼らを被害者にも加害者にもしないため、私たちは養育のあり方を模索し続けることが求められている。それは、私たち自身のうちに潜む暴力性との闘いでもある。

17　ハロー、ブカレスト

かのマイケル・ジャクソンはルーマニアの社会主義崩壊後、ライブ開催のため首都のブカレストを二度訪れている（後述する、ルーマニアの子どもたちの状況を憂えてともいわれている）。ブカレスト市内に集まった大衆の前で、彼は「ハロー、ブダペスト！」と呼びかけたという有名なエピソードを残している（ブダペストは隣国ハンガリーの首都である）。

詳細については報告書や各協議会での報告に譲るものの、二〇一七年九月に資生堂児童福祉海外研修でルーマニアに行く機会を得た。これは、施設職員が海外のさまざまな国々の制度や実情を学ぶことなどを目的に実施されているもので、四三回目となるその年はルーマニアとドイツの視察を行った。同じ志をもった仲間たちの存在が心強かった。

かつてルーマニアでは、一九六五年から八九年まで続くチャウシェスク大統領の共産党政権下において、人口増加政策の一環として避妊と妊娠中絶を禁止し、子どもが四人以下の家庭は課税対象となった。子どもの数が激増する一方で、貧しいルーマニアの多くの家庭では子どもを育てられず、結果として多くの乳幼児が定員数一〇〇名から一〇〇〇名以上の大規模収容施設で生活することを余儀なくされた。多数の子どもたちを少数の大人が管理するために、入浴の時間は裸にされて集団でシャワーを浴びせられ、排泄は決まった時間に子どもたちがいっせいに便座に座らされるといった、およそ情緒的な交流とは無縁の寒々しい環境だったという。世界各国の大規模施設で問題になっているように、施設内では暴力も横行していたと聞く。チャウシェスクが処刑された一九八九年当時には、一七万人以上の子どもたちがこうした国営の大規模収容施設で暮らしていた。

政権交代後も、政治的・経済的混乱は続いたが、施設で暮らす子どもたちの窮状は広く知られるようになり、路上に溢れた子どもたちと共に「チャウシェスクの子どもたち」と呼ばれ、国外からの批判が殺到した。浦沢直樹の漫画『MASTERキートン』の最終巻には、ルーマニアに降り立った主人公のキートンがこの「チャウシェスクの子どもたち」にお金をねだられる場面がある。

ＥＵ加盟の条件のひとつとして子どもの福祉の改善が挙げられたこともあり、大規模収容施設は解体の方向に進み、職業里親や親族養育を中心とした家庭養護へと急速に舵を切っていく。国際養子縁組として世界各国に引き取られていった子どもや、ルーマニア国内の施設で暮らす子どもを対象としたいくつかの有名な研究が行われ、発達初期の生育環境やアタッチメントの重要性が実証的に示された。

翻って、現在のわが国では、「新しい社会的養育ビジョン」の公表後、今後の社会的養育のあり方をめぐってさまざまな議論が交わされている。このような状況下で、アタッチメント研究発展の舞台となったルーマニア視察には大きな意味があると思い、幸運にも団員の一人として渡航することになった次第である。

出国前には「必ずひとりでは行動しないでください」と旅行会社の方から注意を受けた。これはかの国に限った話ではないが、スリや置き引きにも警戒するように言われた。ルーマニアは二〇〇七年にEU加盟を果たしたもののヨーロッパのなかでもまだまだ後進国と見なされており、治安もよいとはいえない。街を歩けば野犬が闊歩していたり（過去には幼児が野良犬に噛まれて死亡した事件もあり、社会問題になっている）、道の両脇には大量に路上駐車がされていた（二車線のはずが車でふさがれて一車線になっていたり、歩道にまで車が溢れかえっていることも珍しくなかった）。見慣れない標識も多く、絵を見ながらあれやこれやとみなで想像したり、行き交う美男美女の多さに目を奪われたりもした。市場やスーパーマーケットに並ぶ色とりどりの食材を見るのは楽しかったし、ビールやワインが安価で飲めるのは嬉しかった。それでも、帰国後、東京の雑踏を何の不安もなく歩いている自分に気づき、気づかなかったけれどやはり自分はあのとき緊張していたのだな、と思い返すことがあった。

子どもたちを取り巻く環境は厳しい。というよりは、社会や政治や経済のありようが目まぐるしく変転し定まらないなかで、大人たちも子どもに配慮するだけの余裕がまだまだないのだと思う。社会のなかで声を上げることができない者への配慮は、いつも後回しにされる。子どもの貧困格差を調べた二〇一七年のユニセフの報告書では、ルーマニアは先進国四一ヵ国中ワーストの四一位となっており、三人に一人の子どもが相対的な貧困状態に置かれている（ちなみに同報告書においては日本も三四位とあまりよい状況とはいえない）。

子どもの遺棄、人身売買、児童労働などの問題もある。保護者が出稼ぎに行くために国内に残される子どもたちがおよそ一〇万人いるとの統計や、障害児・者は遺棄され施設に預けられがちであること、子どもがさらわれないように小学校の送迎を毎日保護者が行っていること、村に拉致されて鎖につながれ虐待されていた数十人の子どもや若者のニュースなど、深刻な状況をあちこちで見聞きした。かつてジプシーと呼ばれていたロマ人への差別、チャウシェスク時代に避妊を禁止した影響で避妊の方法を知らない世代があるなど、問題は多い。一方で、このような先行きの不透明な状況であっても懸命に子どもたちを取り巻く環境の改善に努め、手を差し伸べようとしている支援者の姿があった。

日本で出版されている本のなかにも、子どもたちの苦境を取りあげたものがある。

ボランティアとして看護にかかわった浅井淳子による『もっと生きたいの──ルーマニアエイズと闘う子供たち』には、厳しい闘病生活を余儀なくされた子どもたちの姿が描かれている。本書によれば、チャウシェスク政権下において、施設で暮らす子どもたちが栄養失調となった際に、大人の血液を輸血し、注射器や注射針を使いまわしたことが、エイズが蔓延するきっかけになった。さらに、その事実は認められずに、チャウシェスクは「わが国にエイズは存在しない」と言いきり、感染した子どもたちは放置された。革命後、施設でエイズ検査が行われ、陽性と判明した子どもは病院に集められた。しかし、病院の設備は貧しく、多くの子どもたちが満足な治療も受けられずに死んでいった。これほど多く、子どもだけがエイズにかかった国はほかにないという。

早坂隆による『ルーマニア・マンホール生活者たちの記録』は、冬の寒さの厳しいルーマニアにおいて、住まいのない子どもや若者たちがマンホールのなかで暮らしている実態を潜入ルポという形で浮き彫りにしている。こうした状況は、NHKやTBSのテレビ番組等でも取りあげられている。現在のブカレストでは警察の取り締まりによってマンホール生活者は姿を消しているようである。同書において、マンホールで暮らす子どもや若者が「孤児院で暮らしていたときは……」と話していることが少なくなかった。日本でも、施設退所後に行方がわからなくなったり、路上生活者として暮らす若者たちの存在が課題となっているが、ルーマニアにおいてはそれ以上の逆境がある。社会の歪みの影響を最も受けるのは、その社会のなかで一番弱い立場にある子どもたちである。国は違えども、施設で暮らす子どもたちの苦境は変わらないのだと感じた。

子どもたちの置かれた状況を考えたとき、社会そのものがそうであるように、不十分な点や行き届かないところは多い（山積しているといってもよい）。そのためか、政府視察の際にも説明は最小限にとどまり、「どうして日本からルーマニアに？」と質問を受けるほどであった。

しかし、ある面で遅れているからといって、そこから学ぶものがないということにはならない。いくつもの課題を抱えていたとしても、それを改善していこうとする姿勢こそが大切であるのだと思う。現に革命後の歴史のなかで、子どもたちの最善の利益のためにさまざまな方々が努力を重ね、そのおかげで今のルーマニアがあるのだろう。わが国の社会的養護もまたそうであるように。その歴史に敬意を払いつつも、必要な改革は進めていかなくてはならない。何が本当に子どものために大切な環境なのか、大人の都合になってはいないか、その見極めというのは本当に難しいのだけども。

18　FICEとイスラエルの社会的養育

二〇一九年一〇月、FICE（フィセ）世界大会に参加するため、イスラエルに足を運んだ。日本からは全部で七名の参加者がいた。何かと政情が不安的な土地であるため、渡航前は少なからず不安もあった。が、予想に反して現地の住民は陽気で、気候は穏やかで、料理も美味しかった。電車内に武器を持った兵士が普通に乗りこんできたり、出入国チェックが入念だったり、現地のタクシーや土産屋で高額な請求をされたりといった出来事はあったものの、おおむね快適に過ごせた。

フィセは社会的養育の関係者を中心に構成された国際組織で、ユネスコの後援を受けて一九四八年に設立された。加盟国はアメリカ、ヨーロッパ、アフリカ各国を中心に三〇ヵ国以上にのぼり、三年に一度国際学会が開催され、世界のさまざまな地域の関係者が一堂に会する。第三四回大会は二〇一九年にイスラエルのテルアビブで開催された。初日のオープニングセレモニーでは各国が順に紹介され、それぞれ拍手であたたかく迎えられた。

学会といっても、現場の施設職員が多く参加しており、アカデミックになりすぎない雰囲気で、理論と実践の重なりを重視する（フィセの理論的な支柱のひとつでもある）ソーシャルペダゴジーの理念に合致しているようだった。驚いたことに昼食時にはアルコールも提供され、参加者は立食形式で地中海の新鮮な食材を活かした料理を食べながら、くつろいだ雰囲気で情報交換を楽しんでいた。

発表には、ユースビレッジに入所している若者の音楽演奏や当事者参画によるシンポジウムなども設けられており、支援者のみならず、当事者の権利擁護の場としての意味合いもあるように感じられた。オーストリアのケア基準作成についての報告、アメリカの治療施設改革についてのレクチャー、ポルトガルの施設養護に関する博士論文をもとにした発表、カナダの研究者による問題提起など多岐にわたる報告を聞くなかで、国は違っていても、現場の関心や悩みには共通性も感じられ、力づけられる思いだった。養育の営み、その難しさや喜びはどこにあっても変わらないのだ、私たちが考えたこと悩んだこと見つけたことは世界に通じる普遍的なものなのだ、と。施設職員であることに誇りをもち、働いている仲間たちが世界中にこんなにもいる。そのことが私に元気をくれた。

イスラエルの社会的養育の現状を、現地での見聞も含めて簡単に紹介したい。イスラエル社会では伝統里親と施設の割合はおよそ一：三で、欧米よりも日本に近い。

的に、家庭から離れてユダヤ人の宗教的な学校で養育・教育を受けるのは好ましいことであり、一流の教育であると捉えられていた。キブツや全寮制学校を含めたレジデンシャルケアは、建国後、ヨーロッパからきた身寄りのない子ども・若者に家庭や教育を提供し、再社会化する役割を果たしていた。しかし、一九九一年の子どもの権利条約批准以降、家庭外の措置は子どもにとって望ましくないと見なされるようになった。その結果、コミュニティでの支援や里親等の資源が重要視されると共に、施設にはほかの国々と同様に虐待やネグレクトを受けた子どもの入所が増加することとなった。

こうした経緯から、イスラエルのレジデンシャルケアは、①退院後施設、②治療的施設、③リハビリ施設、④教育的施設に区分されているものの、いずれにも教育と治療という双方の要素が含まれている。どちらにより近いかは施設間で相当に異なっており、実際に見学した施設でもケアの方針や支援内容はさまざまだった。

教育施設においては、牛の世話をしワインの栽培や出荷も行うなど農作業を重視することに加え、特別に補習の時間を設けるなど教科教育にも力を入れていた。各国からイスラエルに移住してくる子どもの教育も行っており、建国後の伝統が生きているようだった。

別の教育施設では、子どもたちによる本格的なクラシックやオペラの演奏などが披露され（演奏の合間にヤジを飛ばす子どもを職員がたしなめるというお馴染みの光景もみられた）、高度な練習を日常的に行っている様子だった。治療施設においては、入所と通所によって、虐待を受けた子どもやその家族の治療に取り組んでいた。芸術に造詣の深い国柄であるためか、ソーシャルペダゴジーの伝統からか、料理や芸術や音楽などの「広義の教育」も、回復や成長のツールとして活用されていた。

もうひとつ、イスラエルの養育において私が知りたかったことは、キブツの存在である。キブツはヘブライ語で「集まる」ことを意味する言葉で、農業の伝統に基づくイスラエルの集合コミュニティである。社会主義とシオニズムが結合した、住民すべてが社会的・経済的に平等なユートピアコミュニティとして始まった。住民はみなで働き、住宅、食料、衣服、健康、教育などを同じように受けとっていた。子どもたちもまた、コミュニティ全体の財産とされ、すべての子どもが両親から離れた「子どもの家」で暮らし、一緒に食事をし、遊び、学び、入浴し、眠った。両親は仕事の後の数時間を子どもと過ごすのみだった。コミュニティで子どもを育むことによって、家族の負担を減らし、共同体の一員として共通の価値観を教え、さらに家事や育児の役割から女性を解放することが目的だった。

このような特殊な養育形態から、キブツは研究者の関心を惹いた。発達心理学や養育に関する講義では、「施設のような共同養育は子どもが育つにはふさわしくない。キブツの失敗がいい例だ」と紹介されることもあれば、「イスラエルにはキブツが残っている。これこそが共同養育のすばらしさを示す典型例だ」とまったく相反することが言われることもある。結局どっちなんだ、というモヤモヤが胸中にあった。

現地の専門家や文献の述べるところによると、現在ではキブツそのものは残っているが、そこに住む家族や子どもたちは自宅で一緒に生活することを選択しているようである。これは子どもや親自身の希望に後押しされたものであり、さらにはキブツの民営化と人口の減少、農業の重要性の低下、資本主義や個人主義の流入といった時代的背景もある。キブツに関するさまざまな研究結果からは、就寝時の応答性の低さに代表されるように、乳幼児期の集団養育には否定的な結果が示されている。その一方で、両親以外のさまざまな養育者が子育てにかかわること、その多様な仕事と責任を分かちあうことについては、肯定的な見解や今後の可能性も見出されている。

つまり、先のキブツの成功と失敗をめぐる相反する見解は、どちらも正しかったわけである。子どもにとっては、傍にいて見守ってくれる恒常的な存在はかけがえのないものである。同時に、子育てはひとりで担えるものではなく、多くの支えを必要とする。キブツの歴史はその双方の大切さを教えてくれる。

大江健三郎の著書『ゆるやかな絆』のなかで、小澤征爾は、自分の音楽で根本的に考えることは「祈り」だと言い、「ドイツでバッハのミサを指揮しているときも祈ると感じる。

あるいはニューヨークでプロテスタントの人たちと音楽をやっているときも、そのように感じる。フランスでメシアンをやっていてカトリックの祈りを感じもすれば、日本人らしく仏教の祈りを胸のうちにあたためていると感じることもある。こういうのは矛盾しているだろうか」と問いかける。それに対し大江健三郎は、自分は日本語で書くのだけれど、日本人だけにしかわからない言葉で小説を書いているとは思わない。日本語で書いても、それを翻訳すれば、それぞれが「ああ、自分たち人間の文学だ」と受け取ってくれる。そういう世界言語、普遍的な言葉をめざしながら小説を書こうと思っている、と答える。

小澤征爾の考える音楽は特定の宗教にとらわれない祈りであり、大江健三郎が考える文学は特定の言語を超えた世界に通じる言葉である。両者が探し求めるものは、言語も民族も宗教も超えた地平に存在している。日本の社会的養育が転機を迎えようとするなかで、私自身も、里親と施設、生活と治療、専門性と人間性、実践と研究、あるいは宗教や民族や国境といった、あらゆるボーダーを超えた普遍の言葉を追い求めたいと強く感じたフィセ・イスラエル大会だった。

解説❻　今後の社会的養護と児童養護施設のあり方

「新しい社会的養育ビジョン」の登場

二〇一七年に発表された「新しい社会的養育ビジョン」以降、社会的養護のあり方は大きく変わろうとしています。家庭養護優先の方向性が打ち出され、児童養護施設は高機能化・多機能化が求められています。これは日本に限らず、国際的にも同じ方向に進んでおり、レジデンシャルケア（施設養育）を「沈みゆく船」に皮肉交じりにたとえる研究者もいるほどです。

その理由としては、①子どもは家庭的な環境で育つことが望ましいという共通の価値観、②交代勤務によるアタッチメント形成の困難さ、③コストがかかるという経済的な観点、④子どもの問題の改善や予後に関する効果が乏しいという見解、⑤集団養育や施設内の人権侵害に対する批判、といった点が挙げられます。これらの批判には児童養護施設が抱える重大な課題が含まれているため、そのあり方を再考するうえでしっかりと見つめなおす必要があります。さらに、諸外国と比較してもこれまでの日本の施設養護への偏重は際立っており、社会的養護を必要とする子どもたちに多様な選択肢が用意されるのは望ましいことだといえるでしょう。

児童養護施設の現状と課題

こうした国際的な動向に沿った情勢のなかで、今後のわが国の児童養護施設のあり方について、確固たる方向性はいまだ見出されていません。「新しい社会的養育ビジョン」によって施設養育が否定されたかのように感じている関係者も少なくありません。たしかに施設には先述のように多くの問題が内包されていますし、現在も十分に改善がなされているとはいえません。

子どもたちは計り知れない傷つきや喪失を経験し、多くの場合、自分の意志とは関係なく施設にやってきます。それにもかかわらず同じような課題のある子どもたちの集団に置かれ、ときに社会からの無知や偏見にさらされ、最も身近にいるはずの養育者は交代し、自己責任の名のもとに、早期にそして孤独に社会に巣立っていくことを求められます。

私自身も施設で暮らす子どもたちや支援に携わる職員の方々に敬意を抱く一方で、今までの仕事を振り返ると、多くの困難を抱え苦境に立たされている子どもたちに対してできたことはあまりに不十分であり、自分自身の無力さや制度の限界を痛感するばかりでした。子どもや職員が置かれた苦境に胸を痛め疑問を感じ、だからこそもっと学びを深めたいと、施設のあり方やそれを取り巻く周囲の環境を変えたいと考えてきました。

施設を取り巻く現状と課題にふれましたが、私が本当に語りたいのは、子どもたちとの生活のなかで出会う小さな希望であり、ささやかな魅力であり、彼らが懸命に生き成長を遂げていく姿です。今後の施設に求められる役割や形態は少しずつ変わっていくでしょうが、それでも私はやはり施設という場の可能性を示したいと思います。それは、決して里親養育や養子縁組などの多様な選択肢を否定したいわけではありません。また、施設養育の優位性を示したいわけでもありません。

私は、施設に多くの課題があることを知りながらも、同時に施設での日々の生活の営みが、子どもたちの成長や回復につながる可能性を秘めていることをどこかで深く信じているのです。

ドイツの社会的養育

施設養育に対しては、厳しい視線を向ける専門家も存在しますし、反対に施設養育の利点を強調する専門家も存在します。そして現場でも、所属する施設やそのほかのつながりに支えられ、日々の仕事に誇りをもち働いている施設職員もいれば、毎日の業務にやりがいや意義を感じられず、虐げられ報われない毎日を送っていると感じている施設職員もいます。いずれも児童養護施設という場の真実ですが、諸外国に目を向けると、家庭以外の「社会における子育て」に施設養育は大きく貢献しています。ここでは二〇一七年に資生堂児童福祉海外研修で訪れたドイツの実情を紹介したいと思います。

ドイツでは里親養育と施設養育の割合は半々程度です。施設内虐待の発覚などもあり、施設養育自体が批判にさらされたこともありましたが、施設内虐待の調査や被害者への補償に取り組み、施設機能の向上などに努めています。ソーシャルペダゴジーの考え方に基づいて、施設を社会的養育の重要な資源として捉えており、視察先でも「保護した年長児に、里親か施設のどちらを措置先として希望するかと尋ねると、多くの若者は施設のほうを選択する」という話がありました。

施設においても、五階建ての瀟洒な建物のなかに地域支援を目的にしたカフェテリア、助産師や心理職による親子支援のためのさまざまなプログラム、保育所、児童養護施設のあるフロアなど、多くの機能が詰まっていました。関係機関と協働しながら地域の子どもや家族に対して複合的で統合的なサービスを提供しており、施設での養育もそうした多様な支援メニューのなかのひとつ、という印象でした。さらに、施設と企業が提携した職業訓練の場（それも子どもたちが誇りを持てるような一流のホテルとレストラン）も設けられていました。

児童養護施設の可能性

私は、海外の進んだ制度を見習えと言いたいのではありません。施設が多様な子どもたちのニーズの受け皿となり、さらに、その知見を活かして地域の子育てに貢献しているという点に注目してほしいのです。家庭養護を優先することは子どもの成長や発達にとって望ましい基本原則です。ただし、子どもたちが情緒的に安定しておらず、自己を統制できる力が不十分な場合、〝普通〞の環境で生活することは困難になります。また、家庭や家族を否定的に捉えている子どもや、集団のほうがかえって落ち着いて生活できる子どももいます。こうした子どもたちにとっては施設養育のほうが適しているでしょう。家庭養育も施設養育も互いに利点と限界があり、協働し補いあうことによって子どもを支える器は広がっていきます（これは家庭養育と施設養育だけの話ではなく、福祉と教育、児童相談所と施設、生活と心理、理論と実践、子どもと大人……等々、異質なものを隔てる境界にぶつかるたびに私たちはいつも悩み、融和や統合や包摂を試みることになります）。

施設職員はそのあいまいで複雑な現実のなかで、こころを揺さぶられるような貴重な体験にも、目を背けたいほどの苦しい体験にも出会いながら自問自答を繰り返し、子どもたちと過ごす日々の生活を大切に営みます。その過程で私たちはきっと、さまざまな課題のある子どもたちを育み育てるための知恵や工夫、傷ついた子どもたち（とその家族）の成長と回復を支えるすべを見出し、広く社会に発信し、家族や子育てや社会のあり方をあらためて問い直していくことができるのではないでしょうか。児童養護施設の仕事は楽ではありませんが、同じぐらい可能性と挑戦に溢れています。

Ⅳ

児童養護施設で働くこと

19 施設職員の専門性とは

先日、ある職員が、施設職員になりたいという高校生に対して「保育士の資格を取るか、大学で福祉や教育や心理の勉強をしなくてはいけない」と説明をしていた。施設で育ち、施設職員の仕事を長年間近で見てきた子どもたちのなかには、将来自分も施設で働きたいと願う者がいる。よい面を捉えるならば、職員の日々の振る舞いが子どもたちに肯定的な形で伝わっているということになろうし、そうでない面を捉えるならば、世の中には実に多くの仕事があるにもかかわらず、施設で働く以外の人生のモデルを子どもたちに示すことができていない、ということになろう。

ところで、先の職員の子どもへの説明は概ねそのとおりなのだが、実情はやや異なる。その理由のひとつは、施設職員の資格要件に「幼稚園教諭」が追加されたことである。もうひとつは、施設職員の資格要件である児童指導員は任用資格に過ぎず、高校を卒業している場合は、二年以上児童福祉事業に従事すれば資格が得られる（高校を卒業していなくても、三年以上児童福祉事業に従事し、認定を受ければ資格が得られる）ことである。この二年または三年間は、最低基準を満たす人員がいる施設であれば、補助職員や調理員等の名目で勤務することも可能である。さらに、二〇二〇年度には、人手不足に悩む施設のために、「児童養護施設等体制強化事業」によって、この二年または三年間の（無資格者の）雇上費の補助がなされることになった。将来、施設職員を目指す若者にとっては意味がある一方で、専門性の向上からは遠ざかっていく。

カナダで子どもや若者の支援に長年携わっていたキアラス・ガラバーギは、施設職員の要件について「法的には誰もが（本当の意味で誰もが）施設で働くことができる」「この単純な事実は、玩具で練習しただけの者やずっと心臓に関心を持っていただけの者が心臓外科医として働くようなものである。小学校で算数を習っただけの会計士や、制服が似合うだけの警察官を信用しろと言っているに等しい」と皮肉っているが、無資格であっても「誰もが施設で働くことができる」環境が、わが国でもこれまで以上に整いつつあるのだ。

「家事や育児は（専門性がなく）誰でもできる」という一般論は、これを後押しすることになる。ケアの仕事への社会的な評価は、残念ながら高いとはいえない。生活の場はさまざまな条件が絡みあい、ごちゃごちゃとしているし、すぐには答えや結果が得られない。施設職員は、子どもたちのために必要だと思われることは何でもする。日常的で、幅広く、誰にでも身近なことを扱うため、これが専門性だと切り取り、提示することはなかなか難しい。「誰にでもできる仕事」、もしくは「必要なのはセンス」となれば、訓練は不要となる。

そもそも施設の仕事には体系的な理論や枠組みがない。子育てに統一的な理論なんてないのだけど、初めて働き始めたときは、そのことを心細く感じたものである。個々の職員はソーシャルワークや心理、保育など自分が学んできたさまざまな学問を援用しながら仕事をしている（理屈はいらない、と言う人もいる）。そうした雑多な背景をもつ職員が入り混じるのが施設という場の面白いところであり、難しいところでもある。

そのためか、近年の施設においては、欧米から導入されたさまざまな技法やプログラムの習得が〝専門性の向上〟だと考えられがちである。これらは、行動療法やアタッチメント理論などの客観的な知見に基づき、子どもとかかわるうえでの基本的・普遍的な要素がわかりやすくまとめられたもので、経験の浅い職員も学びやすく、子どもにとっても一貫性のある適切なかかわりが期待しやすい。現代の施設（あるいは社会）において子育ての継承性が途絶えつつあるなか、それを補ううえでも、こうしたプログラムの重要性が高まっているのかもしれない。

その一方で、たとえばアメリカにおいては、暴力の防止教育プログラムだけでも一〇〇以上存在し商標化されており、私たちが知るのはそうした数多く存在する技法のうち輸入されたほんの一部に過ぎない。こうした技法は、「誰が使っても同じ効用がある」といった種類のものではなく、用いる者のありようや、子どもの特徴・背景によっても大きく変わってくる。また、狭義の見方にとらわれて子どもがどう生活を営み生きていくのかという大局的な視点を欠くと、どこかおかしな事態になる。

先のガラバーギは、著書『A Hard Place to Call Home（家庭とは呼び難い場所）』のなかで、次のような事例を紹介している。彼が訪れたある施設では、エビデンスに基づいたさまざまな先進的な取り組みを行っており、ガラバーギは職員と意見を交わすなかで非常に感銘を受ける。しかし、その後、子どもが入所する予定になっているある部屋を見学したとき、天井に"Fuck You and Die（くたばれ、死ね）"と書きこみがあることに気づく。職員にその事実を指摘すると、「気づいてはいたが、油性マーカーで書かれていて、消せなかったのだ」という答えが返ってくる。彼は、「一見優れているように見える施設職員が、人生を否定するメッセージを来る日も来る日も若者が受けとることを、どうして許容するのだろうか?」と疑問を投げかけている。

子どもたちの成長や回復を促すのは、日々の生活の営みである。理論や技法は一定の指針となるが、私たちはそれを、どのように日常生活のなかに応用していくかを考えなくてはならない。結局のところ、私たちの日々の悩み（悩みでもあるし、腕の見せどころでもある）は、「嫌いな食べ物を残す子どもにどう声かけをするか」「どうすれば気持ちよく入浴できるか」「登校を渋る子どもとどんなやりとりをするか」「夜眠れない子どもにどのような工夫があるか」など、生活に即したものなのだ。施設職員の専門性は、明確に示すことができなくても、たしかにそのなかに存在している。子どもとけっこう深い話をしながら美味しいおかずを仕上げていたり、洗濯物の汚れから子どものその日の遊び場を推測したり、不要なものを集めて楽しく工作をしたり、寝る前に子どもたちに即興の昔話をしながらいつの間にか子どもが眠りについていたりと、私が目にしてきた先輩職員のかかわりはいつも感心することばかりだった。何よりも、思わず憧れるような恰好いい人たちだった。そういう人と過ごしていると、毎日が豊かに楽しくなる。

梨木香歩の『西の魔女が死んだ』で、どうしても中学校へ行けなくなったまいは、大好きな祖母のもとで過ごし、魔女の手ほどきを受ける。そのためにはまず、早寝早起きをし、食事をしっかりとり、よく運動すること、自分で考え自分で決めることが大事だという。二人は産みたての卵でハムエッグを作り、畑を耕す。祖母はまいの存在を肯定し、人生史の一部を語り、生と死について会話を交わす。祖母がこれまで大切にしてきた生活や、自分の存在を通して伝えた生き方は、まいのなかにその後も影響を与え続ける。

さまざまな課題を抱えた子どもたちが増加するなかで、施設職員がソーシャルワークや臨床心理学の視点、各種の技法などの〝専門性〟を身につけることは不可欠である。ただ、それだけでは不十分なのだ。大切なのは、何気ない生活のなかに散りばめられた豊かな要素を意識し、子どもと一緒に生を楽しみ感謝する、よき生活人としてのセンスのようなものなのだと思う。それは、専門性と人間性が一体となった、トータルな生きる力や人間力みたいなものである。そうした力は、おそらくはさまざまな学問が強調する基本原則とも一致しているはずである。個人的な得手不得手もあろうが、目の前の子どもたちと相対し、学びを深め、時間をかけて磨きあげていくものなのだろう。

子育てとは幾年にも及ぶ営みである。その過程で職員自身の人格や哲学を通して届いたメッセージは、子どもたちに確実に根づいていく。それは、この仕事ならではの魅力であり、楽しさであり、難しさである。施設職員は子どもと一緒に生活を送る。共に生きるなかで、私たちは生きていく意味や生き方や生きる姿勢を子どもたちに伝えていくようでありたい。

20 記録を残す者と残される者

施設において、職員は日々の子どもたちの姿を記録に残す。子どもたちの成長を記すためであり、支援に必要な情報を引き継ぐためであり、関係者や社会への説明責任のためでもある。

記録を残すにはそれなりの労力を要する。以前に行われた研究では、施設心理職の業務のうち記録作成や面接準備にかかる時間は個別心理療法に次ぐ長さであり、職員が抱く負担感はすべての業務のなかで一番高く、有効感よりも負担感が勝る不人気業務となっている。たしかに、一息ついた後、さらに記録を書かなければいけないことに躊躇するのは事実である。面接と面接の合間にせわしなく備忘録を残したものの、後で何が書かれているのかほとんどわからないこともあれば、仕事が終わって「よし帰るか！」と思ったとたんに「そうだ、記録書かなきゃ……」とがっくりすることもある。厄介なことがあったときには「一杯飲みに行きたいな」と思うものの、そんなときほど状況を説明したりほかの職員に引き継いだりと記録の必要性と緊急性は高くなり、それとともに記載する分量も長くなっていく。そのため、平和な日は早く仕事を終えられるが、大変だったときほど、それに比例して仕事の上がりはさらに遅くなるという逆転現象が生まれるのである。やれやれである。

ただ、何だかんだ言いながらも、施設職員は専門家として毎日大切に子どもの記録を残し続ける。子どもにとっての記録は、なぜ自分が施設で暮らすことになったのか、どのように育てられてきたのか、その回答を示すものでもある。一九八八年、イギリスの社会的養護のもとで育ったある当事者は、自身が誰にどのように養育されてきたのかを知りたい、と自己の記録に関する開示請求を行った。イギリス国内の判決では棄却されるも、欧州人権裁判所は開示請求を認めた。以降、当事者の記録へのアクセスが進んでいく。このあたりの事情は、アーカイブス学（記録管理や利用に関する研究を行う学問）の専門家である阿久津美紀の著書『私の記録、家族の記憶』にくわしい。

施設職員は交替勤務であり、常に子どもの状況を把握できるわけではない。自分がいないあいだの子どもの様子は、ほかの職員の記録を読んで知ることになる。それは、昨日の子どもの姿であるときもあれば、一〇年前の子どもの姿だったりもする。記録の質に関しては、職員によって多少の個人差がある。誤字脱字が多いというレベルから、思わず唸ってしまうような優れたかかわりを記録する職員までいる。心温まる内容もあれば、ため息が出る内容もあるし、知らないあいだに自分が当事者になっていて「えー」と驚くこともある。日々の様子がこれだけていねいに残されるというのは、一般家庭ではまずありえない（その代わりに、養育者の記憶にはしっかりと残っているのだろうけれど）。

記載に際しては客観性を心がけながらも、あくまで残されるのは〝職員から見た〟子どものストーリーであり、そこには主観と客観が入り混じることになる。通常、専門家としての記録では主観は排されるが、この仕事においては養育者の考えや感情も大切になる。もちろん、あまりに職員の視点で彩られた子ども像が描かれるのは望ましくない。多忙なあまりに子どものささやかな変化やほっとするような言動が見逃されるのは残念だし、子どもが荒れているときは、当の子どもを非難し告発するかのような論調になることも（残念なことに）ある。私だって無意識のうちに、そうなっているかもしれない。

しかし、客観的な情報だけではなく、そのときにその職員が何を考えていたのか、どういった想いで当の子どもにかかわったのか、そうした情報もまた、子どもを支え育む大切な要素になり、子どもや職員の状態や関係性を理解する手がかりになるのも事実である。

過去に退職した職員が綴った記録を、面接のなかで中学生と一緒に読んだことがある。彼女は小さい頃に担当だったその職員に深い思慕を寄せており、同時にその職員の退職に強い喪失感を抱いていた。元担当職員の残した記録は、彼女への愛情に溢れており、残された私たちが「でも、あの人だってあなたのことが大事だったと思うよ……」などとあれこれ言うよりも、よっぽど説得力があるように思えた。そして、デジタル化が進んだ今となっては貴重な、手書きの記録だった。彼女は「私ってこんな子どもだったんだね」「昔の私ってえらいし！」などと言いながら、ていねいに記録を読んだ。そして、最後には、「あの人はやっぱり私のことを大切に想ってくれていたんだ……」と涙を流した。その後、彼女は記録に記載されていた、小さいときによく読んでもらっていた絵本を購入し、自分の本棚に飾るようになった。

これは決して「いい話」ではない。家庭的な環境下であれば、自分の幼少期の様子は折にふれて養育者が語る。記録は不要であるし、そもそも養育者が頻繁に交代することもなかっただろう。それでも、担当だった元職員が、書かれた本人でさえ「自分のことを大切に想ってくれていた」と感じられるような記録と、それを裏づけるだけの関係性やかかわりをしっかりと残してくれたことに、尊敬の念を抱かずにはいられなかった。

施設職員が記録を大切に残す一方で、子どもにとってみれば、自分のしたことや言ったことが記録に残り引き継がれていく、というのは、肯定的な意味合いだけではなく、否定的な性質も帯びることがある。小さな子どもたちは、自分が暮らしている「施設」に関する理解が漠然としているし、職員が記録を書いていることを知らない。実際には、集団養育の場である施設ではさまざまな有形無形のルール——表のルールも裏のルールも、大人間のルールも子ども間のルールも——が存在している。そして、成長とともに、子どもたちの内で漠然と疑問に感じられていたことが、次第に形を成していく。ちょうどカズオ・イシグロの『わたしを離さないで』のなかで、ヘールシャムという施設で暮らす子どもたちが、次第に自分たちを取り巻く世界のありように気づいていくように。職員は自分たちに関する記録を残しているのだ、と知ることもそのひとつかもしれない。

彼らの立場に立つなら、「この人に話したい」という気持ちで伝えた内容が、あたりまえのようにほかの職員にも伝わっていたり、自分の失敗を本来知るはずのない者に把握されたりするのは、気分のよいものではないだろう。だいじにしたいこと、知られたくないこと、恥ずかしいこと、秘密にしておきたいことがいつの間にか広まっているような感覚を抱き、傷つく子どももいる。多感な時期の若者にとってはなおさらである。

実際に「これは記録に書かないでほしい」と懇願されることもある。その場合、可能な限り、その必要性と自分の立場の限界を伝え、どんな内容であれば残しても差し支えないか、子どもと相談することにしている。施設心理職のなかでも、このあたりの守秘にかかわる対応は分かれている。私自身は、子どもが自分に対して伝えてくれたことに感謝する一方で、彼らの支援にかかわる内容はほかの職員とも分かちあうのが当然であるし、それが子どもの最善の利益につながると考えている。

通常、心理療法では「ここで話したことは秘密にする」と守秘を約束することが多い。けれども私は施設職員のひとりとして、ほかの職員と同じように、子どもたちとの面接の内容を、原則的に記録に残し共有している。だから、わざわざ「ここで話したことは秘密にする」とは伝えない。記録に残すのであれば、「秘密にする」と伝えるのは、彼らに対して誠実ではないと考えている。

シカゴで情緒障害児のための施設を運営していたベッテルハイムは、子どもたちが、自由に記録を閲覧できるようにしていた。驚くことに、記録を読んだ子どもたちは、「このなかには僕の知らないことなんて何もないや」と、自分に払われている配慮にこころを打たれていたという。みずからが書いた記録をためらいなく子どもに見せられる職員がどれぐらい存在するだろうか。記録を残すこと自体が子どもたちを傷つける可能性があり、それでも書かなくてはいけないのであれば、私は彼らの力になるような記録を残したいと思う。

21　生活と心理のあいだ

　まだ大学院生の頃に、学科も学年も違うなかにひとり混じって講義を聞いていたことがある。学部の福祉学の授業に一コマだけ、他大学からトラウマ臨床で有名な先生が訪れていたからである。初回に先生は「私はコウモリなんです」とおどけて話した。頭に〝?〟マークの浮かんでいる学生に、続けて「コウモリは、動物からは『おまえは鳥の仲間だ』と言われ、鳥からは『おまえは動物の仲間だ』と言われる。同じように、私は福祉の世界では『おまえは心理の人間だ』と言われ、心理の世界では『おまえは福祉の人間だ』と言われるんです。私は、そういう福祉と心理の狭間で仕事をしています」と明るい調子で述べた。そういう立場をどこか楽しんでいるふうでもあった。ちょうど施設に心理職が配置され始めた頃のことであった。福祉学専攻の学生に囲まれながら、心理学専攻の私は、そのときはまだ「そんなものなのかな」ぐらいに聞いていた。その言葉を本当の意味で理解するようになったのは、その後に施設で働くことになってからである。

施設に心理職が一九九九年に導入されてから、二〇年近くになる。導入された頃から変わらずに長く勤務し続けている者もいれば、大学院を卒業したばかりの者もいる。東京都では常勤の心理職が複数配置された施設も増え、以前に比べれば少しずつ定着率は上がっているものの、生活の場に新たに参入する心理職の戸惑いや葛藤は変わらない。施設心理職の難しさのひとつは、心理職が生活から離れた二者間でのかかわりを中心に学びを深めてきたにもかかわらず、実際の支援の場は生活に根ざした知恵や工夫が必要とされ、個人ではなくチームとしての養育が求められる点にある。そうした課題を反映してか、いくつかの調査で施設心理職の悩みとして変わらず挙がるのは、①生活支援に携わることによる役割意識の混乱、②他職種から理解を得る難しさ、③自分の専門性に対する自信の欠如といった事柄である。

施設心理職の多くは、まず初めに自分のアイデンティティに悩む。アイデンティティというものは、普段からそれについて深く考え、悩むことは少ない。しかし、思春期・青年期のように新たな自己像を確立していかなくてはいけない時期や、同時に異なる文化に属する場合などには、自身のあり方があらためて問いなおされることになる。この意味において、新人の常勤施設心理職は職業人として新たな自分を築いていく時期にあり、同時に、心理学と福祉学、心理療法と生活支援という、ふたつの狭間を揺れ動くあいまいな立場に置かれることになる。ただ、そのあいまいさに簡単に答えを出そうとするのではなく、大切に抱え続けるなかから、施設という場に即した支援のあり方が生まれていくのだと思う。

かつて施設に心理職が配置されたばかりの頃は、子どもと生活場面で会うのを極力避けるように指導され、子どもと廊下ですれ違うときに柱の陰に隠れる者がいた、という話がまことしやかに語られていた。かなり不審かつ不自然な行動であり、毎回隠れるのもそれはそれで大変だろうと思う。第一、隠れる場所がないときはどうすればよいのだろうか。しかし、つい最近でも、非常勤の施設心理職として働く若者が同施設で宿直もしたいと希望したところ、指導者から「二重関係にあたるのでダメ」と助言を受けたと聞いた。通常、心理療法で言うところの二重関係とは、血縁関係や友人関係や職場関係などを指すものと理解していたので、心理の場で会うことと生活の場で会うことが二重関係に該当するという解釈は斬新に響いた。

その一方で、以前から児童心理治療施設では心理職が生活の場で支援を行ってきたし、東京都の児童養護施設には「治療指導担当職員」という、生活の場に入ることを前提とした心理職も配置されている。「コミュニティ・アプローチ」「生活臨床」「治療的養育」といった考え方も以前より広まり、心理職が生活のなかで支援を行うことは格別珍しいことではなくなってきた。虐待を受けた子どもたちの支援には生活でのかかわりが欠かせないものだし、「アセスメントが深まる」とか「職員との協働に役立つ」という以前に、子どもたちのさまざまな顔を傍で見ることができるのは、施設職員の特権でもある。「生活に入る」と一口に言っても多様な形があり、メリットもデメリットもあるが、「生活に入る／入らない」とこれまでのような二者択一の論争を続けても、生産的な結果は生まれない。

いずれの立場にも主張があるが、基本的に施設は子どもたちの暮らしの場である。そのなかで、心理療法が占めるのはわずかな時間に過ぎず、仮に週一回の心理療法が行われたとしても、大切なのはそれ以外の六日と二三時間（The Other 23 Hours）であるという理解が前提になる。心理職であっても子どもとのかかわりは、（柱の陰に隠れない限りは）必然的にさまざまな場面で生じる。

施設においては、現実的な力が心理療法のなかでも強く影響する。担当の子どもが心理療法をキャンセルする場合も、「転移－逆転移が」「前回の面接が」ということもあるが、「ゲームの時間だったから」「ほかの子との遊びが盛り上がっていたから」といった実際的な理由も多い（背後にある心理的な力動の存在を見逃しているだけかもしれないが）。同じホームで暮らす子どもたちが同じ遊びを心理療法場面で始めたり、直前の生活場面の出来事が心理場面にもちこまれたりと、心理職が中立であろうとしても生活と心理を分かつことはできない。

もうひとつ、施設心理職のアイデンティティについていえば、あくまで私見であるが、施設心理職には、「施設職員であること」にアイデンティティを求める者と、「心理職であること」にアイデンティティを求める者がいるように思う。これはもちろん、どちらかにきっぱりと分かれるというよりは、あくまで相対的にどちらに比重があるか、という程度の差であるけれど。前者は宿直業務をしていたり、もともとケアワーカーとして施設に就職した者などに比較的多く、後者は非常勤としていくつかの機関で働いている者や、特定の理論や技法に依拠する者などに比較的多いように思う。

どちらが良いとか悪いとかいうことではない。学校に教師以外の立場の者がいることに意味があるように、施設内に養育者とは異なる立場の者が存在するのは、本来望ましいことである。子どもを理解する視点が広がり、さまざまな角度からものごとを捉えることが可能になる。そのため、施設もまたこうした多様性を許容するようでありたい。しかし、施設〝内〟に存在する以上は、当然のことながら施設の一員である。心理職に限ったことではないが、自分の職業アイデンティティに過度にとらわれることによって、子どもの最善の福祉や職種間の協働が阻害されることもあろう。自分の職種の論理だけを貫こうとすれば、生態学的システム理論を提唱したブロンフェンブレンナーが、当時の発達心理学を「奇妙な状況のなかで、子どもの奇妙な行動を、短時間だけ接する奇妙な大人たちが研究する科学」と揶揄したような事態にもつながりかねない。

前述の『The Other 23 Hours（邦題：生活の中の治療）』はレジデンシャルケアに関する代表的な著作である。ほかにこの領域の嚆矢とされる、非行少年のために治療的環境を創りあげたアイヒホルンや、生活場面面接を提唱したレドルはいずれも練達の精神分析家であった。さまざまな課題を抱えた子どもを目の前にしたときに、自分の学んできたことだけにとらわれず、まずは現実的に手のつくことから、と考えられるまでには、それだけの経験を要するという例なのかもしれない。

いずれにせよ、施設という場を好きになり、子どもに寄り添う心理職がひとりでも増えてほしい。ふたつの文化のあいだにいる、ということは、その双方を理解し両者の架け橋となる可能性をもっている。そして、最終的には、心理職であることも施設職員であることも超えて、「大人は子どもの先を歩く（ときには横や後ろを歩くこともある）存在であり、みなが子どもたちの育ちや成長や回復を支える大切な役割を果たしている」という意識を、子どもにかかわる職種のみならず、多様な場に生きる大人たちが共有するようでありたい。

解説❼ 児童養護施設の心理職

心理職に寄せられる視線

児童養護施設は、子どもの「治療」を主目的とした場ではなく、子どもたちが暮らす生活の場です。そのため、心理職が行う心理面接（カウンセリングやプレイセラピー）は、子どもに対する生活を基盤にした支援の一部です。集中的な治療を行うというよりは、子どもを理解し支え育む施設の日々の営みの一助となることが求められています。そして、施設職員の多くは、子どもと生活を共にする直接的な養育の担い手です。ですから、心理職は、必然的に施設内では少数派になります。

今でこそ、施設内に心理職がいることは珍しくないものの、十数年前に施設の心理職として私が勤務したときは、周囲の職員にとっても施設に心理職がいるという事態は初めての経験でした。私自身も戸惑いを抱え、周囲もまた私が何をする人なのかわかりませんでした。初めは「お手並み拝見」といった雰囲気が見え隠れすることもありましたし、可愛がっている子どもを得体の知れない者に預けられないと考える職員もいました。自分の仕事に誇りをもつ人ほど新参者に対する視線は厳しく、信頼を得るには時間がかかるのです。ただ、施設で働く心理職としては、ひとり寂しく（？）勤務している職種には優しく接してください、とお願いしておきます。たとえ自分と見解が違っていたとしても、多様な視点から眺めることで、子どもたちの言動を理解する幅や奥行きは、広く深くなっていくはずだからです。

現在の施設では、虐待を受けた子どもたちが全体の六割以上を占めており、トラウマやアタッチメントや発達の偏りといった心理的課題への対応を迫られています。そのため、数少ない心理職は、「専門家」としてそうした事象の理解や支援に期待を寄せられることもあります。反対に、あくまで心理職はマイノリティとして留めおかれる施設もあるでしょう。非常に単純化するならば、前者の場合は過剰な期待や「心理職に任せておけば子どもは〝治る〟」といった素朴な治療観が、後者の場合は「密室で何をやっているのかわからない」「子どもと遊んでいるだけじゃないのか」といった周囲の冷たい（と心理職側が感じているだけかもしれない）評価が、心理職の焦りや力みや空回りにつながることもあるかもしれません。このあたりの事情は施設の風土、心理職の経験年数、子どもの年齢や性別や背景等によってさまざまで、日々の連携や協働のなかで、その施設ならではの心理職の立ち位置や役割が定まっていきます。

施設心理職の課題

生活と治療の双方に携わる施設心理職には特有の課題があります。通常、外来型の治療は生活から離れた非日常的な時間と場所で行われます。そのため、臨床心理学を学んできた心理職の多くは、面接の場での一対一の関係性を中心に、子どもへの支援を考えるというトレーニングを積んでいます。しかし、施設での心理面接は生活の場で行われるため、構造があいまいになりやすくなります。子どもにとっては、「治療」よりもテレビゲームやスマートフォンの時間のほうが重要で面接に現れないこともありますし、面接の場では落ち着いていても生活は大荒れだったりすることもあります。さらに、深い傷つきを経験した子どもたちに対して心理治療（あるいは医療やソーシャルワーク）ができることには限界があり、何気ないけれども配慮された毎日の繰り返しが何よりも大切になります。仮に週に一回一時間の心理面接が実施されたとしても、残りの六日と二三時間が子どもたちを抱え、癒し、育むものであることが望まれるのです。そのため、施設の心理職には、一対一の面接を基本とし、面接場面と生活場面を明確に区分する従来の治療モデルにとらわれない柔軟なアプローチが求められることになります。

生活の場での原則と治療の場での原則は、必ずしも矛盾するものではありません。ただ、どちらの場で子どもに接するか、ということで、子どもに対する私のスタンスが若干異なるのも事実です。それは、遊んだ後に子どもに片づけをどれぐらい求めるかといったささいなことから始まり（子どもにもよるでしょうが、たとえば、面接室では片づけができない子どもに「お片づけするから待っててね」ぐらいまで譲歩するでしょうが、生活場面ではもう少し基準が厳しくなり、「一緒に片づけよう」ぐらいかと思います）、かかわりのなかのさまざまな場面に及びます。そうした微妙な（けれども自分のなかではある程度明確な）基準が、生活と心理を行き来するうちにあいまいになり、子どもに対して心理面接の場で生活の場と同じように接してしまい、子どもたちの内面にふれるというよりも、教育的・指示的かかわりが前景に出すぎてしまうこともあります。

暴言・暴力への対応などは、こじれやすい一例かもしれません。心理面接の場面で子どもを叱ることはめったにありませんが、生活の場ではそうはいきません。不適切な振る舞いに対しては、その子の存在そのものは認めつつも、人として守るべきルールやマナーを伝えていかなくてはなりません。その場合、子どもとの関係は一時的に悪化し、直後に心理面接の時間だった場合は、お互いに相当に気まずい時間を過ごすことになります（そもそもそうした場合は、「もう一生行かないからな！」などの捨て台詞を残して、面接にしばらく来ない子どものほうが圧倒的に多いのですが）。しかし、子どもに対して生きるうえで大切なことを伝えることは、彼らの育ちや成長を考えたときに、狭い意味での治療という観点よりも優先されるべきものであると私自身は考えています。

生活と心理支援

過酷な体験を経てきた子どもにとっての生活支援は何よりも重要になりますが、心理職が日常的なかかわりをしているだけでは、子どもの内界にアプローチするという心理面接の特性が薄まり、子どもの関係性も浅く現実的なものにとどまってしまうでしょう。反対に、心理面接と生活を完全に切り離すだけでは、施設という場に子どもたちの回復を促す手立てを導入していくことは難しくなります。施設心理職はこうしたバランスを考えながら、子どもと一緒に生活と心理面接、外界と内界を行き来しながら、彼らのなかで生じた願いや希望を現実的な形につなげていくことが必要になります。

一対一の心理面接を行うだけの役割にとどまらず、ほかの職員と協働しながら子どものこころの繊細な機微に目を向け、施設を子どもたちの成長と回復の場としていくことは、施設の心理職にとってもとても大きな挑戦なのです。

22　実践や研究に臨んで誠実であること

施設宛の電話を受けたり郵送された手紙を仕分けていると、多くは関係者からであるものの、それ以外にもホームページ等を見て寄付を申し出てくれる方、マスコミ関連の方、見学希望の方などさまざまな立場の方から連絡をもらうことがある。そうしたなかで、学生や研究者からのアンケートやインタビューなどの調査依頼も少なくない割合で舞いこんでくる。煩雑な業務のなかで、これに回答することがどれほどの意味をもつのだろうか、この結果は子どもの福祉にどれだけ結びつくのだろうかと、ふと考えこむことがある。そして、その疑問は、いつもそのまま自分自身に返ってくる。

ボウルビィのアタッチメント研究や、ラターやジーナーらによるルーマニアの子どもたちを対象にした一連の研究が社会的養護の実践や政策にたしかな影響を与えたように、優れた理論や研究はおおげさにいえば世界を変える力をもっている。そこまでのインパクトはなくても、小さな発見や工夫の積み重ねが、子どもたちへの支援のあり方を少しずつ向上させていくのだろう。実践も研究も、あくまでそこで生きる人のために行われるものでありたい。そう思いながら実践や研究を続けてきた。けれども、論文の執筆等も含めて外に出る機会をいただくとき、「自己満足のためにやってるんだろ」「おまえの名を売るためじゃないのか」と批判されると、「私は一〇〇％純粋に子どものことだけを考えてやっています」と言いきれないのも事実である。そうなのかもしれない、という考えもよぎる。実践や研究は何のために行われるものなのか、実践や研究に臨んで誠実であるとはどういうことなのか。そんなふうに問い続けることになったのは、先生に出会ってからのことである。

施設で暮らす子どもたちの支援や環境のあり方をより深く考えたいと思い、児童指導員を辞め、大学院の博士課程に進学したとき、子どもたちにも職員のみんなにも申し訳ない気持ちだった。現場から離れた「研究者」になってしまうような気がした。「ステップアップだね」とも言われた。いずれの立場に優劣があるわけではないが、実践者－科学者モデルを標榜するには、施設の現場は子どもの生活に近すぎるのかもしれない。

進学後の院のゼミのなかで、そうした私の悩みを知ってか知らずか、先生は研究をすること、実践をすることの意味をいつも話題にされ、両者は一体のものであることを説かれた。「研究を行うための方法」ではなく「研究を行う人の姿勢」を大切にされ、何のために研究や実践を行うのかということを超えて、人として上質な生き方、後悔しない生き方を常に問いかけていたように思う。

施設で暮らす子どもたちと職員とのあいだの、「自分がどうして施設にきたのか」「自分の家族はどんな人なのか」といった事実をめぐる対話の実態を調査しようとしたときのことである。私は当初、質問紙を用いて現状を統計的に探ろうと考えた。それに対して先生は「これは、子どもたちの生の根幹にふれる問題ですね。こういった問題は〝何％の人がこういうふうに言ったから正しい〟というものではありません。同じ問題意識を抱えた人に実際に会って、お話しすることがあなたの考えを深めていくのではないでしょうか」と話された。

その後、全国各地をめぐり、二〇名の方にお会いして話を聞くことができた。その対話の過程そのものが、私にとっては大きな意味があった。事実を分かちあうことについて、一般化されたマニュアルやあるべき方法論を目指すのではなく、事実を受けとめて一生懸命生きていこうとする子どもたちと、それを真摯に支援しようとする大人たちの姿を描き出したい、読んだ人がさまざまな意見にふれ、「こうすれば良いのだ」とすっきり思うのではなく、逆にこのことについて深く考える契機となるような論文を書きたいと思った。それが実現できたかはわからないが、もし当初の計画どおりであれば、こうした気づきはなかったであろう。

先生は完成した論文を読まれた後、私の変化を見越したように「それぞれの方のなにげない一言は、実践のなかのすぐれた観察事実が積み重なったものです。個別の事例のなかに普遍的な要素が存在している。語られた内容がどのようなものか、その〝質〟によって研究がローカルであるかユニバーサルであるかが決まるのです。あなたもきっと、この調査を通して気づかれたことがたくさんあったことでしょう。この問題について平素からよく考え、双方向的に対話を行っていったからこそ、これだけ意味のあることをお聞きすることができたのだと思います」とおっしゃられ、研究を行う〝人〟の要件についてさりげなくふれられた。

子どもが生活のなかで家族に言及した場面について調査したときのことである。私は当初、論文のなかで施設の状況を記載することが、厳しい勤務体系のなかで精一杯働いている職員や施設を批判することにつながるのではないかと危惧し、ためらっていた。「施設」と一口に言っても、各施設の形態、風土や文化はさまざまであり、それらを抜きにして生活のあり方を論じることはできないのであるが、あえてそれを無視した一般的なありようを抽出しようとした。当然ながらゼミでは、それに対する疑問の声があがった。そのとき先生は、「あなたはどうしてそうしようと思ったのですか?」と尋ねられた。続けてほかの研究者の例をひきあいに出されて、「あなたは何のために研究をするのですか？あなたのこれまでの言動を見ていると、自分のためではなく、子どものことを考えて研究をする方のように思いました。あなたがこの研究を行うのは、施設の生活の質を考えなおすためでしょう。批判的にならないようにこころがける必要はありますけど、そこで働く人が自分たちの普段の取り組みを省みて、なるほどそうだなと思えるような記述をすることも大切なのではないでしょうか」と話された。私はあたたかく包まれるような、さらなる課題を与えられたような、不思議な気持ちだった。相手が受けとめられる表現や容量に十分に配慮しながらも、目の前にある事実をきちんと指摘すること、これは教育の場面のみならず臨床における先生の姿勢にも共通している。

こうした大学院での指導を通じて、私は次第に実践と研究は乖離したものではない、と素直に思えるようになっていった。質の高い臨床実践にはおのずと相手を理解しようとする知的・情緒的な過程があり、質の高い研究においては、被調査者になる体験がときとして意味をもつこともある。実践も研究も、日々の実践のなかで相手をよく観察し、自分を見つめ、疑問に思ったことや明らかになっていない点を考え続け、ときに先人と対話し先行文献にあたり、よりよい支援のあり方を模索していこうとする過程である。施設で子どもたちと生活を共にしながらも研究は続けられる。その逆もまた然りである。大切なのは

〝どこで〟生きるかではなく、自分の選んだ場所で〝どう〟生きるかなのである。そう考えると、迷いが少し晴れたような気がした。

ある映画のなかに「〝神は自分のこころのなかにいる〟とよく言われるけど、私はそうは思わない。もし神がいるとすれば、それは私とあなたのあいだにいるのだと思う」と、登場人物のひとりが話す場面がある。私も同様に思う。神、真実、普遍……大いなるものとの出会いは、自己と対象のあいだに存在している。私にとって先生との出会いは、そういった種類のものであった。

そして、たとえ世に名が知られていなくても、子どもたちに向きあう姿勢や身を粉にした働きぶりに思わず尊敬の念を覚える、そんな施設職員に私はこれまで何人も出会ってきた。実際に社会的養護の現場はそういう人々によって支えられてきたのだと思う。そういった現実を前に、中途半端な私が何かを言うのは間違ったことのように感じることもある。けれども、子どもたちと向きあう際に、あるいは自分自身が話したり書いたりするときに、できるかぎり誠実であるために、先生の教えをこれからも大切に考え続けたいと思う。

23 ラン、ケアワーカーズ、ラン

金城一紀の短編「ラン、ボーイズ、ラン」は、急性リンパ性白血病で亡くなった友人の墓参りのために、みなでバイトして沖縄に行くまでの冒険譚である。落ちこぼれの高校生たちは、社会の多数派にとらわれないように全力で走る。主人公は仲間を思い浮かべ、「みんな、走れ、走れ、走れ」と目を閉じて祈る。

二〇一九年二月二五日、ある児童養護施設の施設長が、施設を退所した若者に刺されて亡くなるという痛ましい事件が起こった。当日、ニュースを聞いた仲間たちは、誰が呼びかけるでもなく最寄り駅に集まった。施設の前には規制線が張られ、騒然とした状況だった。何もできず、かといって死を悔やむほどの現実感も持てなかった。加害者の少年は「施設に恨みがあった。誰でもよかった」と語り、その後に責任能力は問えないとして不起訴となった。精神的な疾患を抱えていたと思われるが、事件の詳細は明らかになっていない。なぜこのような事件が起きたのかを知りたいと強く願うが、ここでは事件についてくわしく述べるつもりはない。私が話したいのは、亡くなった彼が私たちにとって大切な人だったということ、私たちが彼を偲んで走ったこと、これからも走り続けるであろうことだ。

私は彼と特別に親しく付きあっていたわけではない。もっと彼の近くにいた方、さまざまな想いを抱える方がほかにもたくさんおり、そのなかで私がこのような文章を書く資格があるのかもわからない。それでも、自分なりに感じたことや考えたことがあって、この話題を取りあげたいと思った。まだ、整理がついているとは言えないけれども。

彼に初めて会ったのは、横浜で行われた「オレンジリボンたすきリレー」の事前打ちあわせの席だった。彼は、四二キロを超える距離を走るウルトラマラソンのランナーでもあった。だから、虐待防止のためにたすきをつなぐリレーの集会で出会ったのは偶然ではなかったのだと思う。走るのが大好きな人だった。会議や研修の場にサンダルでふらっと現れ、少々の距離は気にせずにそのまま走って帰っていくような人だった。

打ちあわせの後にほかの施設職員と一緒に飲みにいく流れに自然となり、横浜の居酒屋でいろいろな話をした。その席で、自分のこと、施設で暮らす子どもたちのことなど、気さくに笑顔で語る彼のことを、私はすぐに好きになった。名前も出身大学も同じという共通点があったせいかもしれない。多くの方が彼の追悼文集に書いていたとおり（彼をよく知る方々が九月に「偲ぶ会」を企画し、追悼文集を作った。私はたまたま文集の編集担当になった）、穏やかで、誠実で、子どもも思いの恰好いい人だった。いわゆる「カリスマ」と呼ばれるような方は自分にも他人にも厳しいことがあるが、彼はいつも笑顔であたたかく人に接していた。出会った後に、私が当時勤めていた研修センターで講師をお願いしたこともあるし、彼の施設で心理職を募集するときに「うちで働きませんか」と声をかけていただいたこともあった。その申し出には応えられなかったが、私が現在の職場に移ってからは、ときどき一緒に仕事をしたり、飲みにいったりする機会も増えた。

事件の後、彼が生前出場し、完走を果たせなかった広島－長崎リレーマラソンに、仲間たちでエントリーしようという話が持ちあがった。八月六日に広島の原爆ドーム前を出発し、八月九日に長崎の爆心地公園にゴールする。四二三キロの道のりを炎天下のなか四日間走り続けるという過酷なレースである。私は正直「マジかよ」と思ったが、みなはすぐに一致団結した。思い切った企画を提案し、てきぱきと進めていく手際のよさに、施設職員たちの行動力を再認識した。彼らは、「本当に可能なのか」「何か意味があるのか」などの無為な議論はしない。熱いこころをもってまず体を動かす。ソーシャルペダゴジーで言うところの head-heart-hands（頭とこころと手）のなかで、ハートとハンズが突出している愛すべき人種なのだ。

しかたないなと、五月からマラソンの練習のためにランニングを始めた。私は子どもたちと一緒にバスケットボールやサッカーなどをするのは好きだが、黙々と走るのはあまり好きではなかった。元来が自分の好きなことや興味あること以外はやろうとしない、ものぐさな人間である。だが、週三〜五日ぐらい走り続け、少しずつ距離が伸びるうちに、走るのもいいな、と思うようになった。走りながら頭のなかを巡るのは、「最後はどんな気持ちだったのだろう」「あのとき一緒に仕事をすることになっていたら、何かできたのだろうか」など、彼のことばかりだった。走ることで、少しでも彼に近づきたかったのだと思う。

八月の広島-長崎リレーマラソンには、最終的に三〇名近い者が私たちのなかから参加した。自分の休暇やお金をわざわざ費やして走ろうという計画にこれだけの人たちが集まったのは、やはり彼の人徳なのだと思う。人によって想いを表現するペースや方法はさまざまだけれども、集まった人はみな、きっと何かせずにはいられなかったのだ。走る、という行為はシンプルで力強い。苦しくても走り続ければ、ゴールには仲間が待っていてくれる。誰かから受けとったたすきは、次の誰かにつながれていく。私たちはただ走っていただけだ。それなのに、これまで知らなかった人や、知ってはいたけれどあまり話す機会のなかった人と、(交わした会話は他愛ないものだったけれど) ずいぶん仲よくなった気がする。こんなふうに人と人がつながれるなら、この世界だって変えられると思うぐらいに。彼がくれた絆だ。

四日間は比較的走りやすい気候が続いたが、一度私だけは雷雨のなかを走るはめになった。雷鳴が轟き結構怖かったが、ずぶ濡れになった姿を見て、みなは大笑いだった。死生学の研究者であるアルフォンス・デーケンは、「ユーモアとは〝にもかかわらず〟笑うことである」というドイツの諺を紹介している。哀しみのなかにあるからこそ、笑いは必要だ。しんみりと語りあう一方で、くだらない会話でたくさん笑った。

追悼文集には、短期間で多くの人が文章を寄せてくださった。そのことに驚く一方で、彼だからこそ、とも感じた。彼は、共著『施設で育った子どもの自立支援』のなかで、「どんなに頑張ってみても私一人ができることはたかが知れています。だから、皆で少しずつやっていく必要があるのだと思います。一人では自信がないことも、皆一緒だったら勇気が湧いてきます」「私自身はこれからも多くの失敗を重ねながら、たくさんの方々の世話になっていくはずです。何か大きなことをしようという野心もありません。でもどうせなら、一人でも多くの良い人を巻きこみながら、一緒にやっていきたいと思います」と語っている。その言葉どおりに、人と人とのつながりを大切にしながら謙虚に仕事をしていた。

追悼文集の編集の過程では、一人ひとりの思いの詰まった原稿を読むたびに、「ああ、彼らしいな」「本当にそのとおりだな」と彼の姿を思い出し、胸がいっぱいになった。読んでいると泣けちゃうような原稿を誰もが送ってきた。ほとんどの原稿のなかで、彼はいつも走り、飲み語らい、子どものことについて熱く語り、健康について自説を披露し、そして誰かの話にあたたかく耳を傾けていた。そのすべてのエピソードが、私の知っている彼に重なるものだった。

仕事の合間に原稿を読み、短い返信をするなかで、職場にもかかわらず何度も目頭が熱くなり、平静を保つのに必死だった。これには困った。何か楽しい仕掛けをしようと思い、ランナーが走っているように見えるパラパラ漫画を挿入しようと試みた。が、フッターの設定に苦労し、余計に時間を費やすことになった。

彼にもう会えないことを寂しく、残念に思う。それでも、私たちは本当に多くのものを彼から受けとった。もう会うことはできなくても、これからも多くの者が彼との思い出を胸に大切に抱き、彼が思い描いていた未来を目指していくのだろう。つまずくときも立ち止まるときもあると思うけれども、私たちは彼から引き継いだたすきをみなでつなぎながら、これからも走っていく。

24 施設職員が退職をするとき

最初に児童指導員として勤めた施設を辞めるときに、時代劇風の夢を見た。夢のなかで私は天狗の隠れ里のようなところに迷いこみ、そこで暮らす子どもたちと仲よくなる。しかし、時が過ぎ、元の世界に戻ろうとした私は裏切り者として追われる。「本能寺の変」的な燃え盛る古寺を舞台に、襲ってくる子どもたちを斬り、血まみれになったところで、汗びっしょりで目が覚めた。

自分の手がまだ血塗られているように感じ、手のひらを眺めてみたが、もちろん返り血はついていなかった。わかりやすく自分の心境が表れているなあと、ひとり苦笑したが、私が子どもたちを傷つけ見捨てたことは、まぎれもない現実であることを思い知った。自分の弱さやふがいなさを突きつけられた気がして、苦しかった。夢なんて、多くはすぐに忘れてしまうのに、私は今もその夢を忘れられずにいる。忘れてしまってはいけないとも思っている。

施設職員の過半数は、五年以内に辞めていくというデータがある。当時の私もそのひとりだった。定年まで四〇年以上の歳月を勤めきった方もいる一方で、(笑えない話だが)一週間も経たないうちにいつの間にかいなくなっていた者もいた。結婚や転職や帰郷などライフスタイルの変化が理由として挙がる一方で、ある者は施設での人間関係や組織のあり方に悩み、ある者は子どもとのかかわりや拘束時間の長さ、業務量の多さに心身ともに疲弊し、思い描いていた理想と現実のギャップに傷ついて、現場を去っていく。もちろん、新たな挑戦のために、今とは違う職場を選ぶ者もいる。

業務上は年度末が一定の区切りとなるものの、ある子どもが成長し施設を巣立つと、また新たな子どもがやってくる。子どもとのかかわりは常に継続しており、ある時点で区切りをつけるのは心境としては難しい。そのときにかかわっている子どもたちの養育は、ほかの誰かに託すことになる。これまで濃密にかかわってきた子どもたちだ。自分がいなくなることでほかの職員に負担がかかること、子どもたちにとっては喪失体験となることも知っている。そのためか、達成感、満足感、安堵感、解放感といった感情よりは、無念さ、申し訳なさ、寂しさ、挫折感といった感情のほうが勝るのかもしれない。もちろん胸に去来する複雑な想いは、そんなふうに二者択一では言い表せないけれども。

東畑開人の『居るのはつらいよ』のなかで、デイケアに勤める先輩職員たちは次々と退職し、主人公は四年目にして最も長く居る職員になる。この本を読んだある施設職員は「○○さんが辞めるとき、ホント泣いた」と感想を話していたが、苦楽を共にした仲間が次第に姿を消していくのはやはり寂しい。辞めるという決意を聞いたとき、周囲は「あの人が！」と驚くよりも、「ああ、やっぱり」とどこか納得するほうが多い気がする。毎日顔を合わせていると、なんとなく察するものはある。誰も最初から退職しようと思ってこの仕事を選んだのではないはずだ。それでも辞めざるを得ない厳しい現実があることを、同じ職場で働く私たちはよく知っている。

そのためか、同僚が施設を去るときは、それを責める気持ちになるよりは、一緒に戦ってきた戦友を力及ばず失うような感覚になりやすい。何か力になれることもあったかもしれない。でも結局は、その人の生き方はその人だけのものであって、それぞれに思い描く人生がある。去るのも残るのも、本人にしか選べない。

選択の余地すらなく、こころは踏みとどまりたくても体が悲鳴をあげてしまうこともある。精神的に追い詰められ、出勤しようとしたら涙が止まらなくなったり、宿直のことを考えると嘔吐してしまい、職場に来られなくなった者だっていた。（その是非や背景はともかく）限界まで自分をすり減らしながらなお施設という生活の場にあり続けようとし、でもそれがうまくいかなくなることもあるのだ。福祉施設はときに野戦病院にたとえられることがあるけれど、だとすれば職員の退職は、「カジュアルティーズ」（戦闘員の損耗）についての物語だ。

大人にとって同僚が辞めるのと、子どもにとって養育者がいなくなるのは、意味合いが異なる。子どもには退職に至るくわしい事情が明かされない場合があるし、連絡先も交換できないまま二度と会えなくなることも多い。一番身近であるはずの人が自分の人生から永久に、そして繰り返し姿を消していくという事実は、やっぱり哀しく残酷なことだと思う。ある子どもは、小学校の担任の先生たちの名前は思い出せても、施設の担当職員は頻繁に変わりすぎて思い出すことができなかった。記録を一緒にたどったところ、覚えている名前も覚えていない名前もあった。彼女にとっては、養育者よりも学校の教師のほうが安定した対象だったのだろうか。

別の子どもは、アルバムを見せてもらったところ、あるページが職員との外食時の写真で埋められていた。子どもと職員がそろった一見楽しそうな風景だったが、「これは何の写真？」と尋ねると、「○○さんが辞める前にみんなでご飯を食べにいったときの写真」と答えた。「じゃあ、これは？」「こっちは△△さんが辞めたとき」と次々に旧職員の名が挙がり、退職が相次いだ時期に順に食事に行った写真であることを知った。

離別に際して、こころを許した大人と二度と会えなくなることに傷つきを覚える子どももいるし、自分のせいで辞めたんだと責任を感じる子どももいる。春になればクラス編成が変わるのと同じような感覚になり、大人を見送り迎え入れることに慣れてしまう子どももいる。最初からいずれいなくなる存在だと思っていれば、傷つきは浅くてすむ。関係を結ぶまい、こころを許すまいと考えていれば、裏切られなくてすむ。そんなふうに感じさせてしまっているのであれば、その責任の一端は私たちにある。それが、子どもたちの力になりたいとこの仕事を志した結果だとすれば、施設という場がそういった別れを必然的に孕んでいるのだとすれば、なんとやりきれないことだろう。

ある年度に、職員の異動や退職が重なり、結果的に過半数が入れ替わることになったホームがあった。子どもたちはそれに対して、「ここは〝子どもの家〟じゃなくて、〝大人の家〟かよ！　俺たちのことをどう考えてるんだよ」と怒りを露わにした。うまいことを言うなあと、そのユーモアのセンスに感心したが、子どもや大人が入れ替わっていく環境で生き抜くのは、本当に大変なことだ。子どもたちは、「〇〇さんはいつまでこの仕事続けるの？」「〇〇さんは辞めないよね？」と職員に聞いてまわっており、動揺の大きさが容易に想像できた。大切な人がいつかは自分の傍から離れていくことが初めからわかっているとしたら、いったい誰を信じ頼ればいいのだろう。どうすることもできなかったけれど、彼らの怒り（あるいはその底にある悲哀）は当然であることを認め、素直な気持ちを言葉にしてくれたことに感謝を伝え、辞めていった職員との思い出を話しあい、環境の変化による不安や戸惑いに耳を傾けた。

たとえ誰も悪くなくても、誠実であろうとしても、結果的に他者を傷つけてしまうことがある。けれど、施設を去っていく職員もいれば、新しくやってくる職員もいる。ひとつの別れは新たな出会いを生む。残された者は、喪失を一緒に悼み、できる限り（でも無理なく）そこに居続け、新たな職員と共に現在の環境がよりよいものになるよう努めていく。施設の暮らしは、これまでもこれからもそうやって続いていくのだろう。

私が初めて施設で出会った子どもたちは、今やもう立派な青年になっている。ごく稀には、就職したり、結婚したり、親になったことを知らせてくれる。そういった素敵なニュースを聞くと、かつての姿が蘇り、胸があたたかくなる。子どもたちとの出会いが、思い出が、共に暮らした歳月が私のなかに残されているからこそ、紆余曲折がありながらも私はこの仕事を続けている。自分が選んだ場所で、やりがいのある仕事に携わる日々がどんなに幸せなのかを今の私は知っている。またいつか、現場を去る日が来るのかもしれない。でも、遠く離れるそのときまでは、私は彼らと共に施設に居たいと思う。

解説❽ 子どもたちの教育の保障と自立に向けて

虐待を受けた子どもたちにとっての学び

学びという未知の事象への冒険には、安心感や信頼感や好奇心が不可欠です。しかし、虐待を受けた子どもたちは、目の前を生きることに精一杯で、学習への取り組みの前提となるそれらの要素が十分に育まれていないことが往々にしてあります。そのため、学校での集団教育に安心感を持てずに参加できなかったり、学習意欲や自己評価が低く課題に取り組めなかったり、一般的な知識や常識や学習習慣が身についていなかったり、認知の偏りから読み書きや計算などの特定の機能に困難を示したりすることがあります。

こうしたさまざまな課題のある子どもたちに対して必要なのは、教室での狭い意味での教育にとらわれずに、身近なことを題材としたり、手作りの教材を用いたりと、それぞれの背景に応じた個別的な広い意味での教育を提供することです。ただ、施設のなかだけではそうした配慮が行き届かず、塾、家庭教師、学習ボランティア、NPOなど、さまざまな資源を活用しながら、子どもたちの学びを補っているのが現状です。

子どもたちの進学率

一九九〇年代の初め、高校進学率の全国平均は九五%ほどでしたが、施設で暮らす子どもたちの進学率は五〇%に満たない水準でした。二〇〇〇年代に私が施設に入職したとき、多数の子どもが中学卒業後に、寮付きの職場で一五歳での就労を強いられていた現実に衝撃を受けたことを覚えています。

その後、高校進学率は少しずつ上昇し、現在では全国平均と同程度になっています。しかし、家庭で暮らす子どもたちと比べて高校卒業後に就職する割合は高く、大学進学率も依然として低いままにとどまっています(図6)。さらに、高校の中退率の高さや、施設間で進学率に開きがあることなども各種の調査で指摘されています。

貧困の研究のなかでは、教育格差の結果、子どもが貧困に至る大きな要因のひとつが、保護者の経済状況であることが明らかになっています。経済的に豊かな家庭では、子どもたちの学

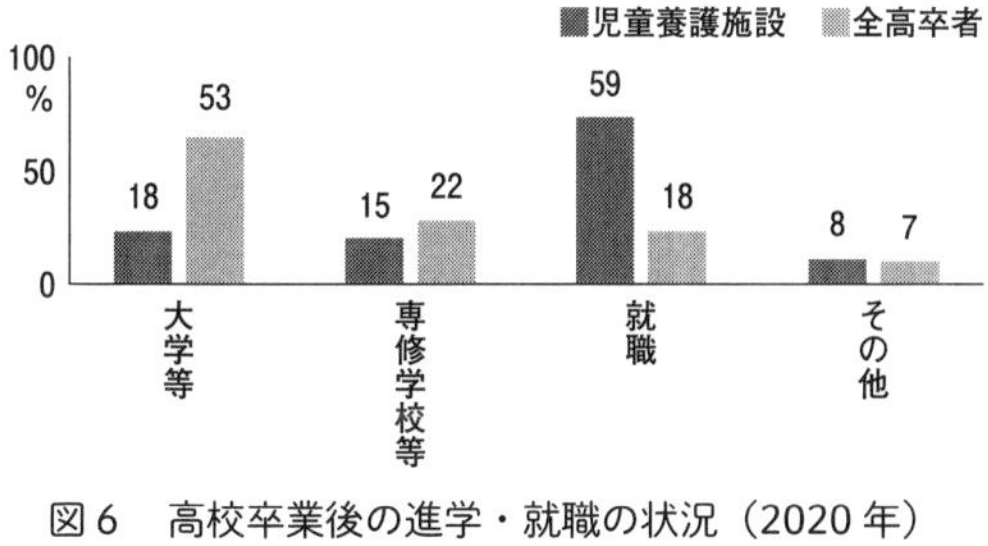

図6　高校卒業後の進学・就職の状況(2020年)
(社会的養護の現況に関する調査より)

歴も高くなる傾向があります（東大生の親の年収の高さはよく話題になっています）。一方、親が貧困である場合、子どもたちは高等教育を受けて高収入を得られる仕事に就くことが難しく、貧困の連鎖から抜け出すことは困難になります。学歴やお金だけがすべてではありませんが、受けた教育はその人の財産です。将来的な選択肢を広げ、収入や社会的地位の向上につながります。

施設に入所したことによって、希望する進路に進めず子どもたちの可能性が狭まるのであれば、貧困の連鎖・虐待の連鎖を繰り返すことにもなりかねません。知能や学力の向上は、虐待を受けた子どもの長期的な予後に影響する重要な要因としても知られています。したがって、社会の一員として子どもたちに公平なチャンスを保障し、子どもに応じた教育を提供することが施設の役割のひとつになります。施設で暮らす子どもたちが給付型の奨学金の対象となったことで、以前よりも金銭的な負担が軽減したことは近年の大きな変化です。

措置延長と社会的養護自立支援事業

自立は孤立とは違い、社会生活を主体的に営んでいくことであり、困ったときに誰かにほどよく頼れることがその前提になります。施設で暮らす子どもたちの多くは「早く施設を出て自由に暮らしたい」と願う一方で、社会に出ることに大きな不安を抱えています。そして、就職や進学で施設を巣立った後に、十分なサポートが得られずに孤立に陥ることが大きな課題となっています。

児童福祉法における「児童」の定義は一八歳までです。施設職員も児童相談所も、最低限この年齢までは守られた環境での成長を保障することが責務になります。一八歳以降も必要な場合には二〇歳未満まで「措置延長」できることが定められており、国も措置延長の積極的な活用を促しています（図7）。さらに、「社会的養護自立支援事業」（二〇二二年度以降は「児童自立生活援助事業」への統合が検討されています）によって、措置解除後も個々の状況に応じて二二歳まで必要な支援を継続することが可能になりました。子どもたちが自立して（他者にほどよく依存して）生活できる力がないのにもかかわらず施設を出ていくことがないように、これらの制度の積極的な活用が望まれます。

　施設を巣立った後も障害者支援、生活困窮者支援、生活保護、特定妊婦など、さまざまな福祉サービスの利用を必要とする場面があります。したがって、アフターケアの一環として、関係機関と協働しながら、地域のなかで自立的に生活を送る手助けが求められます。

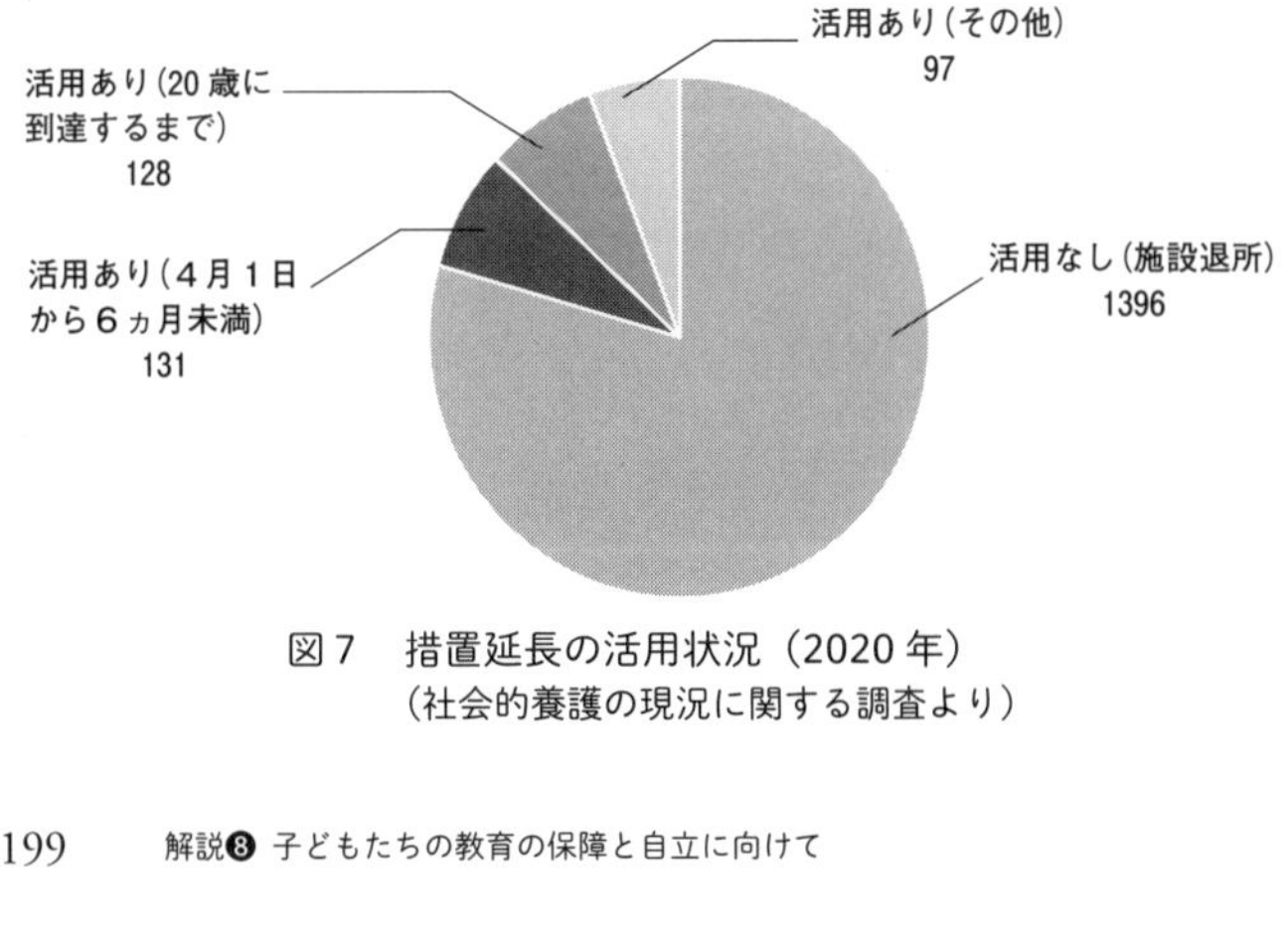

図7　措置延長の活用状況（2020年）
（社会的養護の現況に関する調査より）

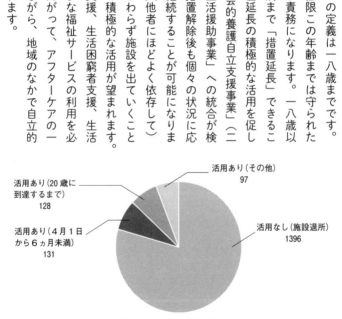

あとがき

本書は、雑誌『こころの科学』に掲載された「こころの現場から」という短いエッセイに、児童養護施設の制度や背景に関する簡単な解説を加えたものです。

当初三回の予定だった連載は、思いがけず四年間にわたって続きました。その間、「新しい社会的養育ビジョン」の登場や新型コロナウイルスの感染拡大などによって、施設を取り巻く状況や社会情勢は大きく変化し、私たちも子どもたちも先の見えない道を手探りで歩んでいくことになりました。でも、私たちの人生も子どもたちとのかかわりも、次に何が起こるかなんてわかりません。未来はいつも、予想を超えていくものです。

児童養護施設で暮らすことも働くことも多くのエピソードに溢れています。けれども、そこで子どもたちと紡がれる物語のほとんどは世の中に語られないままです。あえて声高に語る必要もない平凡な毎日ですが、語られないがために一面だけを切りとられ、誤解や偏見へとつながっていくこともあります。ドラマのなかに描かれる施設のありようはその一例です。

以前、施設にテレビ局から電話があり、ドラマの撮影で使用したいと依頼を受けたことがあります。話を聞いてみると、「犯人は施設出身」という設定だったため、お断りさせていただきました。ドラマのなかの施設生活経験者は〝不幸な〟役を割り当てられがちです。施設に入ることやそこで暮らすことでの苦労や不便はありますが、施設で生活すること＝「不幸」や「かわいそう」ではありません。施設の内から発信したいメッセージと、外から押しつけられるイメージとのあいだには、大きな隔たりが存在しています。

今回、貴重な機会を与えてくださり出版の提案をしてくださった日本評論社の木谷陽平氏に感謝申し上げます。施設で働きはじめたばかりの頃を懐かしく思い返したり、その時々の自分の考えや見聞きしたことを自由に綴ることができ、得難い経験をさせてもらいました。記憶というのは不思議なものです。このような機会がなければ、子どもたちや職員のみなと過ごしたかけがえのない日々は、私のなかにそっとしまわれたままだったかもしれません。

それでもいいと思う一方で、やはり私は施設で暮らす子どもたちの存在を、自分に課せられた苦難を乗り越えようと一生懸命に生きている子どもたちがいることを、多くの人に知ってほしいと思うのです。家族と離れて暮らす子どもたちと、そこで生活を共にする職員の喜びや哀しみにふれることで、彼らへの理解と支援の輪が広がっていくことを願います。

二〇二一年九月一九日　楢原真也

引用文献

A・アイヒホルン（三沢泰太郎訳）『手におえない子供』日本教文社、一九六五年
阿久津美紀『私の記録、家族の記憶―ケアリーヴァーと社会的養護のこれから』大空社出版、二〇二一年
浅井淳子（塩沢千秋写真）『もっと生きたいの―ルーマニア　エイズと闘う子供たち』凱風社、一九九七年
朝井リョウ『世界地図の下書き』集英社文庫、二〇一六年
伊坂幸太郎『チルドレン』講談社文庫、二〇〇七年
カズオ・イシグロ（土屋政雄訳）『わたしを離さないで』ハヤカワepi文庫、二〇〇八年
市川太郎「実務ノート　子どもの意向を汲むとはどういうことか―児童養護施設生活経験者＝当事者の立場から」『ケース研究』二八一号、一一五―一二二頁、二〇〇四年
ベッセル・ヴァン・デア・コーク（柴田裕之訳）『身体はトラウマを記録する―脳・心・体のつながりと回復のための手法』紀伊國屋書店、二〇一六年
上橋菜穂子『獣の奏者』講談社文庫、二〇〇九年
内海新祐『児童養護施設の心理臨床―「虐待」のその後を生きる』日本評論社、二〇一三年
浦沢直樹画、勝鹿北星作『MASTER キートン（18）』小学館、一九九四年
ミヒャエル・エンデ（大島かおり訳）『モモ』岩波少年文庫、二〇〇五年
大江健三郎（大江ゆかり画）『ゆるやかな絆』講談社文庫、一九九九年
恩田陸『光の帝国―常野物語』集英社文庫、二〇〇〇年

恩寵園の子どもたちを支える会編『養護施設の児童虐待―たちあがった子どもたち』明石書店、二〇〇一年
角田光代『八日目の蟬』中公文庫、二〇一一年
金城一紀「ラン、ボーイズ、ラン」『レヴォリューションNo.3』角川文庫所収、二〇〇八年
金城一紀『GO』角川文庫、二〇〇七年
倉岡小夜『和子六才いじめで死んだ―養護施設と子どもの人権』ひとなる書房、一九九二年
佐々木朗『自分が自分であるために』文芸社、二〇〇〇年
佐野洋子『一〇〇万回生きたねこ』講談社、一九七七年
清水眞砂子『幸福に驚く力』かもがわ出版、二〇〇六年
マーク・スミス、レオン・フルチャー、ピーター・ドラン（楢原真也監訳、益田啓裕、永野咲、徳永祥子他訳）『ソーシャルペダゴジーから考える施設養育の新たな挑戦』明石書店、二〇一八年
高橋亜美、早川悟司、大森信也『施設で育った子どもの自立支援―子どもの未来をあきらめない』明石書店、二〇一五年
滝川一廣『新しい思春期像と精神療法』金剛出版、二〇〇四年
壺井栄『二十四の瞳』岩波文庫、二〇一八年
東畑開人『居るのはつらいよ―ケアとセラピーについての覚書』医学書院、二〇一九年
なかがわりえこ、おおむらゆりこ『ぐりとぐら』福音館書店、一九六七年
なかやみわ『くれよんのくろくん』童心社、二〇〇一年
梨木香歩『西の魔女が死んだ』新潮文庫、二〇〇一年
成田善弘『治療関係と面接―他者と出会うということ』金剛出版、二〇〇五年
西部謙司『戦術リストランテV―サッカーの解釈を変える最先端の戦術用語』ソル・メディア、二〇一八年

早坂隆『ルーマニア・マンホール生活者たちの記録』中公文庫、二〇〇八年
ブレイディみかこ『ぼくはイエローでホワイトで、ちょっとブルー』新潮文庫、二〇二一年
ペスタロッチー（長田新訳）『隠者の夕暮―シュタンツだより』岩波文庫、一九九三年
B・ベッテルハイム（村瀬孝雄、村瀬嘉代子訳）『愛はすべてではない』誠信書房、一九六八年
増沢高他「児童養護施設における心理職のあり方に関する研究」子どもの虹情報研修センター報告書、二〇一〇年
宮下奈都『羊と鋼の森』文春文庫、二〇一八年
横川和夫『荒廃のカルテ―少年鑑別番号一五八九』新潮文庫、一九八八年
ヨシタケシンスケ『つまんない　つまんない』白泉社、二〇一七年
アーシュラ・K・ル＝グウィン（清水真砂子訳）『影との戦い』岩波少年文庫、二〇〇九年
ルソー（今野一雄訳）『エミール（上・中・下）』岩波文庫、二〇〇七年
レオ・レオニ（谷川俊太郎訳）『アレクサンダとぜんまいねずみ―ともだちをみつけたねずみのはなし』好学社、二〇〇六年
Gharabaghi, K.: *A Hard Place to Call Home: A Canadian Perspective on Residential Care and Treatment for Children and Youth*. Canadian Scholars, 2019.
Redl, F.: *Children Who Hate: The Disorganization and Breakdown of Behavior Controls*. Free Press, 1965.
Storø, J.: *Practical Social Pedagogy: Theories, Values and Tools for Working With Children and Young People*. Bristol University Press, 2013.
Trieschman, A.E., Whittaker, J.K., Brendtro, L.(eds.): *The Other 23 Hours: Child Care Work with Emotionally Disturbed Children in a Therapeutic Milieu*. Routledge, 2017.

著者
楢原真也《ならはら・しんや》

児童養護施設 子供の家、統括職・治療指導担当職員。日本ソーシャルペダゴジー学会理事。大学院修了後、児童養護施設で児童指導員や心理職として勤務。子どもの虹情報研修センター主任を経て、二〇一五年より現職。公認心理師、臨床心理士、人間学博士。著書に『子ども虐待と治療的養育―児童養護施設におけるライフストーリーワークの展開』(金剛出版)、『ライフストーリーワーク入門』(編著、明石書店)、『ソーシャルペダゴジーから考える施設養育の新たな挑戦』(監訳、明石書店)などがある。

児《じ》童《どう》養《よう》護《ご》施《し》設《せつ》で暮《く》らすということ
子《こ》どもたちと紡《つむ》ぐ物語《ものがたり》

二〇二一年一二月一〇日　第一版第一刷発行
二〇二二年　三　月一〇日　第一版第二刷発行

著者　楢《なら》原《はら》真《しん》也《や》

発行所　株式会社 日本評論社
〒一七〇-八四七四
東京都豊島区南大塚三-一二-四
電話　〇三-三九八七-八六二一（販売）
〇三-三九八七-八五九八（編集）
振替　〇〇一〇〇-三-一六

印刷所　港北出版印刷株式会社
製本所　井上製本所
装画　マコカワイ
デザイン　後藤葉子（森デザイン室）

検印省略

 ISBN978-4-535-56409-1　Printed in Japan